Oui, tiens, pourquoi ?

Du même auteur

Le Dico français/français, éditions J.-C. Lattès, 1992
Pourquoi, le livre des Pourquoi, éditions J.-C. Lattès, 1993
Le Dico des paradoxes, Albin Michel, 1993
Encore des Pourquoi, éditions J.-C. Lattès, 1994
C'est mon avis et je le partage, Grasset, 1995
Cherchez l'erreur !, Canal+ éditions, 1999
Attention les yeux !, Canal+ éditions, 2000
C'est vraiment vrai !, Plon, 2002
Je ne suis pas de mon avis, Plon, 2004

Philippe Vandel

Oui, tiens, pourquoi ?

OH ! ÉDITIONS

ISBN : 978-2-915056-90-7

Sauf erreur,
je ne me trompe jamais.

Alexandre VIALATTE

Pourquoi
faut-il toujours
une dédicace ?

Pourquoi…
… un avant-propos?

Pourquoi les Chinois ont-ils les yeux bridés ? Pourquoi les moucherons ne sont-ils pas écrasés par les gouttes de pluie ? Pourquoi les hommes n'ont-ils pas de cellulite ? Pourquoi ne peut-on pas utiliser son portable en avion ? Pourquoi n'y a-t-il pas de nourriture pour chat à saveur de souris ? Pourquoi 666 est-il désigné comme le chiffre du diable ? Pourquoi avons-nous souvent l'impression d'avoir déjà exactement vécu telle ou telle scène ? Pourquoi les Suisses parlent-ils lentement ? Pourquoi les chevaux de concours ne sautent-ils pas par-dessus leur enclos ? Oui, tiens, pourquoi ?

On a tous buté un jour ou l'autre sur ces questions. On a pu chercher sur Internet, sans rien trouver de probant, sinon un florilège d'infos contradictoires—et pas drôles. À propos, pourquoi Google s'appelle-t-il Google ?

Voici la raison d'être de cet ouvrage : répondre sérieusement à des questions qui ne le sont pas, sans se prendre au sérieux. C'est donc un livre de questions, mais surtout de réponses, de celles qui nous font nous exclamer : « Waouh ! » (j'exagère : parfois c'est « Caramba ! »).

Dans ces pages, chers amis, vous découvrirez des prodiges, de l'amour, de l'émotion, du suspense, des meurtres. Vous rencontrerez des génies et des benêts, des bombes sexuelles et des milliardaires, des inconnus sublimes et des stars ! Vous croiserez Grace Kelly, Léonard de Vinci, Pierre Desproges, Napoléon, Davy Crockett, Jean-Paul Sartre, Tom Cruise, Mastroianni, le roi des Belges, Maître Capello, et j'en oublie…

Jusqu'à preuve du contraire ? Cette formule m'avait fasciné quand le prof de physique nous avait appris que Newton avait raison. Mais pas pour toujours. Jusqu'à ce qu'Einstein remplace sa pomme tombée de l'arbre par un proton éjecté à la vitesse de la lumière. Il traça au tableau noir, dans un silence admiratif : « $E = mc^2$ jusqu'à preuve du contraire. » Qui dit mieux ?

On peut lire les *Pourquoi* dans l'ordre que l'on veut. Rien n'interdit de commencer par la fin. On peut tout lire d'une traite, à la plage, ou durant les longues soirées d'hiver. Justement : pourquoi le mois d'août est-il le plus chaud de l'année, alors que c'est en juin que l'ensoleillement est maximum ?

N'hésitez pas à consulter quelques *Pourquoi* avant d'aller demander une augmentation—c'est beaucoup plus séduisant que parler d'argent—, ou si vous devez briller ce soir dans un dîner un peu snob. Au fait : savez-vous pourquoi on parle avec cet accent grotesque entre Neuilly, Auteuil et Passy ? Oui, tiens, pourquoi ?…

Pourquoi…
… les clignotants clignotent-ils ?

« Ça marche… ça marche pas… ça marche… ça marche pas… » Vous connaissez l'histoire du Belge qui vérifie le fonctionnement de ses clignotants. Un coup oui, un coup non… Pourquoi ce fonctionnement spasmodique ?

J'entends d'ici la réponse : les clignotants clignotent pour que notre œil les remarque. Oui, forcément, banane. Mais comment se fait-il qu'on les repère mieux qu'une lumière fixe ? Car, par définition, ils sont éteints la moitié du temps, ils émettent donc deux fois moins de lumière, deux fois moins de photons ; et pourtant on les remarque deux fois plus.

La réponse est élémentaire : parce que nous mangeons de la viande…

Si ! Reprenons depuis le commencement, ou pas loin : il y a quelques millions d'années, entre 2 et 5 millions. Nous voici au Pliocène, les premiers hommes apparaissent sur Terre. L'homme du Pliocène découvre la viande, la vraie. D'abord par charognage (il récupère des carcasses mortes), puis il se met à chasser. Des proies vivantes. Qui bougent donc. Ce sont leurs déplacements que l'œil a appris à détecter. La loi de l'évolution a programmé notre vision pour réagir aux variations d'images. Imaginez un lézard sur des pierres. Immobile, il se confond avec le décor. Qu'il décampe, et on ne voit plus que lui ; comme dit l'expression, ça saute aux yeux ! À l'inverse, les insectes butineurs réagissent précisément à certaines formes et à certaines couleurs, celles exclusivement des fleurs dont ils se nourrissent.

Revenons à notre clignotant. Ce que notre vue perçoit en priorité, ce n'est pas la lumière qu'il émet. C'est que la lumière qui était là *n'y est plus*. Et soudainement, une nouvelle lumière apparaît ! Le clignotant agit comme une proie appétissante. Tic-tac-miam !

Conséquence pratique… au restaurant. Vous voulez faire signe au patron à l'autre bout de la salle ? Inutile de le fixer en attendant en vain de croiser son regard de myope. Dès qu'il aura la tête tournée dans votre direction, bougez le bras. Il vous verra. Vous pourrez alors commander votre plat.

Du jour.

Jusqu'à preuve du contraire…

Pourquoi...
... la langue française utilise-t-elle « second » et « deuxième » ?

Voici le second pourquoi de cet ouvrage. Et j'entends déjà hurler les ayatollahs des belles-lettres : « Le deuxième, ignorant benêt, pas le second : le deuxième ! » Car ça ne vous a pas échappé : il y a deux façons de dire deux.

Il est de mise, dans le milieu littéraire, de ne pas utiliser « second » quand on demande à l'auteur d'un premier ouvrage s'il compte récidiver. Ou alors de se reprendre immédiatement, avec un sourire entendu : « Enfin, un deuxième, bien sûr... » Car il est communément admis que « second » désigne le deuxième terme d'une série qui n'en compte que deux. Autrement dit, celui qui écrit un second ouvrage n'en pondra pas de troisième. Explication simple et rationnelle comme les aime le français.

Mais l'Académie française ne le voit pas du même œil. *« L'unique différence d'emploi effective entre* deuxième *et* second, *précise-t-elle, est que* second *appartient aujourd'hui à la langue soignée, et que seul* deuxième *entre dans la formation des ordinaux complexes (*vingt-deuxième, *etc.). »* Mais alors pourquoi ces deux mots pour désigner finalement la même chose, alors que les autres chiffres ne bénéficient pas du même traitement de faveur ? Observons-les.

« Deuxième » est le plus commun, celui dont l'histoire est la plus lisse. Dérivé de « deux », lui-même venant du latin, on retrouve sa racine—indo-européenne—dans de nombreux mots dont le préfixe est « di ». Comme dioxyde (qui a deux atomes d'oxygène), diphtongue (voyelle contenant deux sons), ou un diptyque (œuvre composée de deux panneaux).

Voyons maintenant « second », le rival, celui que tout le monde considère comme plus noble. D'abord il est plus ancien, puisqu'il est utilisé dès le XIIe siècle, tandis que « deuxième » n'apparaît que dans la première moitié du XVIIe siècle. Son emploi est par ailleurs beaucoup plus riche que celui de « deuxième », puisqu'il a le sens de « celui qui suit », selon son étymologie, mais aussi de « celui qui aide ». On le trouve dans les expressions comme « capitaine en second », ou encore « causes secondes ». Selon un emploi datant du XIIIe siècle, il signifie aussi « moitié ». Voilà sans doute l'origine de la légende du second sans troisième, colportée jusqu'à nous.

En tout cas, nous pouvons admettre une seconde explication, puis une troisième.

Jusqu'à preuve du contraire…

Pourquoi…
… l'aviateur Lindbergh n'a-t-il pas été porté en triomphe à son arrivée de la traversée de l'Atlantique ?

1927. C'est peut-être le plus bel exploit depuis Icare. Pour la première fois de l'histoire des hommes, un aviateur a réalisé, seul et sans escale, la traversée de l'océan Atlantique. Parti de New York le 20 mai, Charles Lindbergh se pose au Bourget le lendemain. Une foule nombreuse est là pour accueillir le héros. On l'entoure, on l'acclame, on lui serre la main, on l'embrasse… Mais contrairement à Louis Blériot, qui a traversé la Manche en 1909, de Calais à Douvres, personne ne porte Lindbergh en triomphe. Son exploit est pourtant autrement plus impressionnant : trente-trois heures de vol contre seulement trente-sept minutes pour Blériot. Pas des minutes, des heures !

C'est là que réside l'explication. Un des problèmes à résoudre pour réussir ce périple était d'alléger au maximum l'avion afin de limiter la consommation de carburant. Rien n'a donc été prévu pour que Lindbergh fasse ses besoins naturels. En guise de toilettes : sa combinaison de vol, qui a dû être jetée à l'arrivée, irrécupérable. Pas étonnant qu'à sa descente de l'avion on l'ait félicité de loin, sans le porter sur ses épaules. Ou alors c'est votre chemise qui était bonne pour le pressing !

Jusqu'à preuve du contraire…

Pourquoi…
… les chiffres sont-ils disposés différemment sur les touches d'une calculatrice et sur le clavier d'un téléphone ?

Regardez votre téléphone. Il est numéroté ainsi :

1 2 3
4 5 6
7 8 9
0

Allez maintenant chercher votre calculatrice, voyez vous-même :

7 8 9
4 5 6
1 2 3
0

C'est encore plus saisissant si vous avez un iPhone. Le clavier est configuré différemment selon que vous vous servez de la fonction appel ou calculette.

Rien de plus agaçant pour les frénétiques du clavier que d'être obligés de réfléchir avant de taper, en passant d'un coup de fil à une addition. C'est vrai, à la fin, on croit faire un « 7 » et c'est le « 1 » qui sort. Quant au « 6 », il devient… « 6 ». Eh oui, seules les lignes du haut et du bas sont interverties. « Ils » n'ont pas poussé le vice jusqu'à changer également le sens des touches. « Ils », car la théorie du complot a poussé les paranos à affirmer—sans aucune preuve—que c'était un choix des opérateurs téléphoniques pour que les gens ne puissent pas bloquer le système en composant trop vite leurs numéros.

Autant le dire tout de suite : la vérité est ailleurs. Un historique s'impose. À l'origine, les ancêtres des calculatrices étaient mécaniques. Les premiers claviers étaient inspirés de ceux des caisses enregistreuses, sur lesquelles les chiffres commençaient par le bas.

Alors pourquoi les constructeurs de téléphone ont-ils suivi une autre logique ? Tout simplement parce qu'un élément supplémentaire est entré en ligne de compte : les lettres ! Chaque chiffre correspondant à un groupe de trois lettres (sauf le « 9 », qui en a quatre), il était logique de commencer, comme pour l'écriture, en haut à gauche…

Jusqu'à preuve du contraire…

Pourquoi…
… les personnes âgées sentent-elles venir le mauvais temps par leurs rhumatismes ?

Aussi sûrement que le fait d'entendre les cloches du village d'à côté, ou la perspective d'un week-end de 3 jours, le réveil des douleurs rhumatismales signale pour certains l'arrivée des intempéries. Cette joie n'est pas réservée aux grands-mères. Celui ou celle qui s'est un jour cassé un membre en a sûrement fait l'expérience à son tour.

La médecine, dès les années 1960, s'est penchée sur la question pour tenter de comprendre les corrélations entre les événements climatiques et les douleurs des patients. Humidité, pression atmosphérique, froid… Un chercheur américain, le Dr Hollander, a construit une salle où il pouvait reproduire les conditions météorologiques de manière à y exposer des volontaires. Les résultats furent très décevants : aucune corrélation ne fut déterminée entre les douleurs et les aléas climatiques. Une autre équipe a mené une étude *in vivo* durant quatre ans, en demandant aux patients de noter scrupuleusement leurs impressions et leurs douleurs. Puis on superposa les résultats avec les courbes météo. Là non plus, les résultats ne furent pas probants.

Et pourtant : on a mal aux genoux, et la pluie tombe ! Alors, c'est quoi ?

En fait, nous devons cette croyance à un autre phénomène. Elle est liée au réflexe humain—trop humain—d'établir des relations entre les événements, entre les causes et les conséquences. C'est d'ailleurs ce qui nous permet de raisonner, de construire, d'inventer… Cette recherche perpétuelle de sens et d'explications nous pousse à établir coûte que coûte des liens. Ainsi, on se souviendra très bien de la pluie tombée peu après le réveil d'une douleur, mais on gommera l'information si rien ne se passe. C'est comme les feux orange : c'est toujours quand on est pressé qu'ils passent au rouge.

Jusqu'à preuve du contraire…

Pourquoi…
… est-il presque impossible d'attraper une mouche avec la main ?

Bzzzzz… Clac !

La séquence a fait le tour du monde : Barack Obama, le président américain, qui trucide une mouche très dérangeante. Interviewé à la Maison Blanche par CNN, la bestiole est venue perturber son plateau. Obama a d'abord tenté de la chasser à grands coups de taloche et de « Casse-toi, pauv' conne ». Sans résultat. Il a fini par la tuer d'un coup sec. « Bien ! » a admiré le journaliste une fois l'animal écrasé. *« I got it ! Impressionnant non ? »* renchérit le président avant de reprendre son interview.

Si la séquence a fait le tour des télés et d'Internet, c'est parce que l'événement est rarissime. Normalement, la mouche s'en sort presque à tous les coups, c'est le cas de le dire. Pourtant, son vol dépasse rarement les 7 km/h, ce qui est très lent comparé à la course humaine (environ 25 km/h, et presque 40 km/h pour les seigneurs du sprint). Quant à la vitesse d'une simple main, le handballeur Nikola Karabatic peut décocher des ballons à 110 km/h !

Alors pourquoi la mouche nous semble-t-elle insaisissable ?

Parce que nous sommes, nous, très lents à la vision, et cette lenteur commande notre main. Nous sommes au mieux capables de suivre une petite vingtaine d'événements à la seconde, de positions différentes. C'est d'ailleurs le principe du cinéma et de la télévision : diffuser chaque seconde vingt-quatre ou vingt-cinq images fixes, mais qui nous donnent l'impression de former un continuum harmonieux. Or les mouches sont bien plus performantes de ce point de vue. Elles sont capables de distinguer chaque seconde plus de deux cents événements !

Quand une mouche voit un de nos films, elle a l'impression d'assister à une soirée diapo : une image, puis écran noir, puis une autre image, etc. Quand elle observe nos gestes, c'est comme si elle voyait notre main arriver au ralenti vers elle. D'où sa prompte réaction. Elle décolle avant même que nous l'ayons frôlée.

Quand je pense qu'avant son élection, Obama assurait qu'il ne ferait même pas de mal à une mouche !

Jusqu'à preuve du contraire…

Pourquoi…
… les courses à pied se déroulent-elles dans le sens inverse des aiguilles d'une montre ?

La codification des épreuves date des premiers jeux Olympiques de l'ère moderne, en 1896. À cette époque, il fut décidé de manière arbitraire que les athlètes courraient dans le sens des aiguilles d'une montre. Très vite, des protestations se sont élevées : ce n'était naturel pour personne. Il fut donc décidé, en 1913, d'inverser le sens des courses.

L'explication avancée, si elle a suffi au Comité olympique, laisse tout de même sur sa faim. Il faudra attendre 2004 pour qu'un chercheur, le Japonais Hideaki Fukami, tente de comprendre pourquoi les coureurs se sentent plus à l'aise dans ce sens, et à déterminer s'il y a réellement une différence. Il a fait courir un 400 m (qu'on appelle aussi dans le jargon *le tour de piste*) aux mêmes sportifs, dans les deux sens. Le chronomètre est sans équivoque : les athlètes mettent deux secondes de moins avec la corde à gauche !

Les courses à pied ne sont d'ailleurs pas les seules concernées par cette règle, puisque les jeux collectifs comme le cricket, par exemple, suivent le même sens de rotation. Quelle en est la raison ?

Pour certains esprits pragmatiques, l'habitude de s'entraîner dans ce sens suffit à expliquer les meilleures performances. Oui, mais pourquoi cette habitude, alors ? Parce qu'on se sent mieux ?

Pour M. Fukami, l'explication est effectivement d'ordre physiologique. C'est l'hémisphère droit du cerveau qui dirige la perception de l'espace, la vision serait donc meilleure à gauche. Il avance également que les gens qui prennent la fuite partent naturellement vers la gauche.

On peut ajouter que la jambe droite étant le plus souvent la jambe d'appel, on est plus à l'aise pour tourner avec une prédominance à gauche.

Jusqu'à preuve du contraire…

Pourquoi…
… les oreilles n'ont-elles pas de paupières ?

On peut fermer la bouche et plus rien n'entre ni ne sort. On ferme les yeux et on ne voit plus rien. Or, même si on se bouche les oreilles, on entend quand même les sons. Pour quelle raison notre ouïe est-elle perpétuellement en éveil ?

Parce que nous avons des prédateurs qui n'ont qu'une idée en tête : nous manger ! Bon, d'accord, c'est pas cette année que vous allez vous faire dévorer par une panthère noire, mais je parle des temps immémoriaux où les caractéristiques des espèces se sont installées.

La vue nous permet surtout de déterminer où sont nos proies. Comme vous le savez désormais, nous sommes programmés pour détecter leur mouvement [1]. Cela nous permet de nous protéger de jour, quand la visibilité est bonne, et en outre lorsque nous sommes réveillés. Mais la nuit—pardon de cette tautologie—on ne voit rien.

L'intérêt de l'audition, c'est précisément la nuit ou encore lorsque nous dormons, afin de garder une vigilance. Donc, pas question que des « paupières à oreilles » nous rendent sourds. Il en va de la survie de l'espèce : l'oreille doit jouer son rôle de vigie quand nos autres sens sont au repos.

---

1. Voir « Pourquoi les clignotants clignotent-ils ? », p. 13.

C'est sur ce principe que fonctionne le réveille-matin. Tout roupille dans l'organisme, sauf le battement cardiaque, la respiration et l'ouïe. Alors qu'une lampe qui s'allume, ou même le soleil qui se lève dans la chambre, peut nous laisser tranquillement continuer notre grasse matinée, soudain, un vacarme : Ta-ta-ti-tati-tata !

Impossible de résister au son du clairon.

Jusqu'à preuve du contraire…

Pourquoi…
… Popeye mange-t-il toujours des épinards ?

Ah, le fer dans les épinards ! Des générations d'enfants ont été obligées d'ingurgiter ce légume parfois très amer au prétexte qu'il était bon pour la santé, puisqu'il contenait plein de fer… D'ailleurs, n'est-ce pas ce qui donne sa force à Popeye, le marin amoureux d'Olive, aux biscoteaux impressionnants ? Voilà pourquoi Popeye mange du fer : pour être le plus fort !

Créé par Elzie C. Segar en 1929, pour la série *The Thimble Theatre* dans le *New York Journal*, Popeye est au départ un marin anonyme. Les réactions des lecteurs étant très favorables, il hérite vite d'un nom—« Popeye » signifie « le borgne »—et prend une place de plus en plus importante dans le *strip*.

Et les épinards, alors ?

En fait, tout a commencé quarante ans avant la naissance de Popeye. Par une malencontreuse faute de frappe. La secrétaire d'un chercheur oublie une virgule et, l'erreur n'étant pas découverte, il est officiellement publié, et répété, que les épinards contiennent 34 mg de fer aux 100 g, au lieu de 3,4 mg mesurés…

Voilà pourquoi Elzie Segar choisit de faire des épinards le mets favori de son nouveau héros, celui qui lui permet de vaincre ses adversaires. En tout cas, ceux qui ont pu se frotter les mains étaient les producteurs d'épinards ; la consommation de ce légume a augmenté d'un tiers après la publication des premières planches mettant en scène Popeye… Et là, on tombe sur une croyance très répandue : les aliments que nous ingurgitons nous transmettent leurs caractéristiques. Le fer, puisque c'est un métal solide, donne de la force, de la même manière—en moins dégoûtant—qu'avaler le cœur de son ennemi permet de s'approprier ses qualités.

On appelle ce genre de croyance la pensée magique. Comme dans l'histoire du type qui demande à son pote : « Comment tu fais pour être aussi fort ?—C'est parce que je mange beaucoup de viande de bœuf, donc je suis fort comme un bœuf. » L'autre réplique : « À d'autres ! Moi, je mange beaucoup de poisson, et je ne sais toujours pas nager. »

Jusqu'à preuve du contraire…

Pourquoi…
… ne comprend-on rien quand deux personnes parlent en même temps à la télé ?

Cela frappe l'esprit—et surtout les tympans—lors des grandes soirées électorales. Le porte-parole de l'UMP veut contredire le PS qui veut faire taire le communiste qui conteste aux verts leur bruyante alliance avec l'extrême gauche condamnée par le centre qui les compare au Front national lequel vilipende l'UMP ! Et tous s'égosillent en même temps pour se faire entendre !

Je n'oublie pas les animateurs(trices), noyé(e)s dans ce déluge verbal, et dont l'optimiste conclusion fait toujours ma joie : « Merci à tous d'avoir fait entendre votre point de vue. »

Pourtant, tous les pros connaissent la règle infrangible à la télé comme à la radio : chacun doit prendre la parole à son tour, sinon, impossible de discerner un mot. À l'inverse, on s'entend très bien dans le tumulte d'un repas de famille ou une soirée entre amis, même en étant deux fois plus nombreux. Plusieurs conversations roulent en même temps à la même table, et chacun s'y retrouve.

Tout ça parce que nous avons deux oreilles. Grâce à ces deux sources distinctes, le cerveau localise la provenance du signal, son orientation et sa distance (un peu comme les deux yeux procurent la vision en relief). Ainsi, dans un dîner, notre système auditif isole sans peine une ou deux sources : l'histoire drôle en bout de table, et notre voisine de gauche qui a des nouvelles d'Elvis Presley (il serait pas mort : il a monté un *coffee-shop* avec Bob Marley).

Pourquoi cette joyeuse cacophonie est-elle proscrite à la télévision ou à la radio ? Car le mixage superpose toutes les pistes sonores, sans aucun repère spatial. Comme un texte devient illisible si les lignes et les lettres se chevauchent, le son monophonique, au lieu d'être hiérarchisé, parvient en un seul bloc compact, impossible à démêler par l'ouïe.

Je vous entends d'ici rétorquer : *Quid* des émissions qui sont désormais en stéréo ? Excellent rétorcage ! Pour qu'une conversation à plusieurs devienne intelligible, il faudrait que le mixage affecte à chaque locuteur, à chaque micro, une enceinte spécifique. Alors seulement vous pourriez vous concentrer sur le canal qui vous intéresse. Le Pen à droite, Besancenot à gauche.

Jusqu'à preuve du contraire…

Pourquoi…
… le foot se joue-t-il à onze ?

Contrairement à ce que l'on pourrait croire, ce ne sont pas les Anglais qui ont eu les premiers l'idée de taper dans une balle avec les pieds. Deux mille ans avant l'invention du 4-4-2, les Grecs, puis les Romains et les Chinois s'y amusaient déjà, mais il s'agissait davantage d'un jeu que d'un sport.

À la fin du XVe siècle, la région de Florence voit l'émergence d'une version très virile entre villageois, qui disparaîtra deux siècles plus tard mais qui donnera son nom italien au football : le Calcio.

Le foot tel que nous le connaissons, avec deux équipes et un but de chaque côté, trouve son origine dès le XIIe en Normandie et en Angleterre : la soule. Le ballon de cuir apparaît au XVIe. Pour le reste, chaque village se débrouille avec ses règles locales non codifiées.

En 1835, le Highway Act britannique interdit de jouer au foot sur les routes et les chemins du royaume. Les joueurs se replient sur un terrain clos. Et c'est dans les collèges anglais que va naître le football moderne : Eton, Arrow, Westminster, Winchester, etc. Là encore, chaque collège a ses propres règles. Le nombre de joueurs varie, la taille des buts aussi.

Une constante se dessina peu à peu : pour des raisons pratiques, et pour renforcer l'esprit de corps des adolescents, les équipes étaient constituées par dortoirs (les collèges huppés étaient des pensions). Or chaque dortoir comptait dix élèves. La tactique était simple : tout le monde jouait en attaque ! Pour compliquer la tâche, il fut décidé de placer un gardien dans les buts, qui avait le privilège d'attraper le ballon à la main. Personne ne voulant de ce rôle ingrat, on choisit naturellement le surveillant de chaque dortoir.

10 + 1 = 11.

Jusqu'à preuve du contraire…

Pourquoi…
… les hommes n'ont-ils pas de cellulite ?

« Perdez trois kilos avant l'été ! » Jamais on ne voit cette promesse en couverture d'un magazine masculin, ni jamais aucune publicité anticapitons dont ces messieurs devraient se tartiner les cuisses, avec ou sans rouleau applicateur.

Cette chance pour les uns, cette injustice pour les unes s'explique par des différences de métabolisme entre hommes et femmes.

Les cellules adipeuses (adipocytes en langage médical) sont des réserves d'énergie pour le corps, qui peut les mobiliser en cas de besoin. En clair, depuis des temps immémoriaux, en cas de disette, quand la nourriture venait à manquer. Or les femmes en sont beaucoup mieux dotées que les hommes : 35 millions de cellules graisseuses pour les femmes, contre seulement 26 pour les hommes (26 millions, pas 26 tout court !). Pourquoi cette différence ? Parce que les mamans ont des besoins spécifiques lorsqu'elles sont enceintes ou qu'elles allaitent, et la nature leur a octroyé depuis des centaines de milliers de générations des réserves en corrélation avec ces demandes potentielles.

La répartition de la graisse sur le corps, qui se fait au moment de la puberté, est régie par les hormones sexuelles : progestérone et œstrogènes. Le nombre de cellules graisseuses est constant à partir de la puberté, mais leur volume change en fonction de l'alimentation.

Et la cellulite dans tout ça ? D'abord, soulignons que le terme est impropre : la cellulite à proprement parler est une inflammation des tissus situés sous la peau, alors que l'aspect « peau d'orange » dont nous parlons est une évolution de l'aspect des cellules graisseuses, dont l'inconvénient principal n'est qu'esthétique. Cette « fausse » cellulite, donc, résulte de l'hypertrophie du tissu adipeux. Si certains facteurs sont unisexes—sédentarité, mauvaise alimentation, etc.—, d'autres sont typiquement féminins et expliquent que seules les femmes soient touchées : les hormones féminines, en particulier les œstrogènes, sont au cœur du processus.

On se consolera en apprenant que cette graisse stockée a un rôle fondamental dans la création et le fonctionnement du cerveau chez le fœtus. En effet, la sphingomyéline, substance créée à partir de la graisse, gaine les fibres nerveuses du cerveau. Cette gaine de myéline augmente la vitesse de propagation de l'influx nerveux, donc rend le cerveau plus efficace. Voici la justification du processus : garantir l'intelligence de l'enfant, même en cas de famine.

Disons les choses autrement : une femme qui n'aurait pas un gramme de cellulite ne serait pas tout à fait normale.

Jusqu'à preuve du contraire...

Pourquoi…
… les Indiens d'Amazonie ne se perdent-ils pas dans la forêt vierge ?

Ce prodige a toujours frappé les visiteurs du monde dit « civilisé », qu'ils soient missionnaires, chercheurs d'or ou scientifiques.

Les Indiens d'Amazonie partent à l'aube chasser dans la jungle. Ils rentrent à la nuit tombée, parfois le lendemain. Ils ont marché des heures et des heures. Et ils finissent toujours par retrouver leur foyer.

Pourtant, il n'existe pas sur la planète de végétation plus dense que la forêt amazonienne. Pas de clairières, pas de chemins, à peine quelques sentiers ici et là. Les indigènes n'ont pas de cartes et ils ne connaissent pas l'écriture, encore moins le GPS.

Regarder le ciel ? On le voit à peine, tant est compacte la canopée, la cime des arbres. Et allez repérer la Grande Ourse en plein jour !

Semer des petits cailloux ? Impossible. Il leur faudrait des sacs de gravier, vu la longueur du trajet, et ils sont déjà un peu chargés.

Ils sont nés en forêt et ils la connaissent comme leur poche ? Irréaliste ! Certes, c'est leur milieu naturel, mais ça ne suffit pas. Ajoutons que beaucoup de tribus sont nomades. Elles passent d'un territoire à l'autre au gré des semaines ou des années. Toute la géographie serait à réapprendre à chaque fois.

Alors ? C'est une affaire de mots. Les tribus ne parlent pas la même langue, loin de là, mais elles ont un point commun : un vocabulaire très riche pour décrire leur environnement. Elles ont développé un immense lexique en zoologie et en botanique. Chaque espèce végétale a son nom, mais aussi des qualificatifs pour distinguer un arbre d'un autre de la même essence (lisse, jeune, fatigué, luisant, abritant telle colonie de fourmis dont ils reconnaissent là encore des dizaines de variétés). Les lexiques comprennent plus d'une trentaine d'adjectifs pour les différentes nuances de vert. Certains dialectes ont cinquante ou soixante pronoms pour préciser la forme ou le toucher d'un tronc ou d'une feuille : long, court, plat, sphérique, cylindrique, en réseau, etc.

Ce qui ne s'énonce pas ne se différencie pas. Pour se retrouver quelque part, il faut être capable de décrire cet endroit. Ce qui nous apparaîtrait comme un enchevêtrement uniforme de végétation verte, les Indiens le décomposent en éléments signifiants. Ils peuvent prendre des repères extrêmement précis, et ainsi mémoriser des itinéraires.

Un peu comme lorsque vous êtes à l'étranger dans une ville inconnue. Vous mémorisez le chemin pour revenir à l'hôtel : un restaurant en terrasse, puis l'agence Iberia, puis une bijouterie, puis la poste, enfin une fontaine. Ensuite pour revenir, fastoche : la poste, la bijouterie, Iberia, la terrasse, l'hôtel. Et les virages à gauche deviennent des virages à droite. Et vice versa.

Jusqu'à preuve du contraire…

Pourquoi…
… ne peut-on pas utiliser son portable en avion ?

Combien de fois l'hôtesse vous l'a-t-elle dit et répété ? « Merci de bien vouloir couper votre téléphone portable jusqu'à l'atterrissage et l'immobilisation complète de l'appareil. » Mais pour quelle raison ? Qu'est-ce que ça peut bien leur faire qu'on appelle tante Lucie pour qu'elle vienne nous chercher porte B ?

Cette question appelle plusieurs réponses.

En premier lieu, les compagnies invoquent toujours la sécurité. Comme chacun sait, les avions sont bourrés d'électronique, petites bêtes très sensibles aux phénomènes électromagnétiques. C'est précisément ce qui peut coincer avec les téléphones mobiles, qui envoient des ondes à qui mieux mieux pour se connecter au réseau. Et plus le modèle est ancien, plus ils en sont générateurs.

Mais ce problème de sécurité est tellement crucial que les compagnies travaillent depuis longtemps sur la question et ont trouvé une solution ces dernières années. Désormais, les aéronefs sont protégés contre les ondes et ne risquent donc plus rien.

Pourtant, il est toujours rigoureusement interdit de téléphoner en avion. Pourquoi ?

Pendant le vol, lorsque l'appareil est parvenu à son altitude de croisière, aux alentours de 10 000 mètres, les téléphones ne peuvent plus entrer en relation avec les relais au sol, trop bas. C'est imparable. Davantage qu'interdit, téléphoner est impossible. Mais à cela, certaines firmes ont trouvé une parade : embarquer un relais qui rendra possibles les communications et les connexions Internet.

Ne vous réjouissez pas trop vite ! Car vous pensez bien que ce service vous sera facturé ! En attendant, les gentilles compagnies aériennes ne veulent surtout pas vous habituer à utiliser votre téléphone sans leur verser un centime.

Pour se consoler, une devinette : à quoi on reconnaît une hôtesse de l'air dans le métro ?

C'est la seule qui dit au revoir aux passagers.

Jusqu'à preuve du contraire…

Pourquoi…
… les voiliers avancent-ils parfois plus vite que le vent ?

Du mousse au capitaine, les marins l'ont constaté : il n'est pas rare que la brise souffle à 7 nœuds et que le voilier file à 10 nœuds.

Plus rapides que le vent : ce qui semblait impossible du temps d'Ulysse est désormais la moindre des choses pour les bateaux à voiles. Le record est de 24 nœuds pour seulement 8 nœuds de vent (pour les profanes : 44 km/h alors qu'Éole ne soufflait pas plus fort que 15 km/h).

Par quel prodige ? Je n'ai pas le pied marin, mais j'ai intégré ceci : les bateaux font du judo. Autrement dit, les bateaux utilisent l'énergie du vent pour aller contre ce vent. Comme les judokas, ils détournent la force de l'adversaire.

C'est une question d'aérodynamique sur laquelle les architectes navals travaillent depuis des années. En dépit du bon sens, c'est vent arrière que le bateau est proportionnellement le plus lent : il n'est alors mû que par le souffle qui le propulse.

Mais que se passe-t-il quand le vent souffle dans une autre direction (on appelle ça une autre allure) ? Un complexe calcul vectoriel, qui décrit l'addition des forces, montre que le bateau qui se déplace génère autour de lui un vent relatif, qui augmente à son tour au fur et à mesure. Ce vent apparent se combine au vent réel. Il est même plus puissant que le réel puisqu'il est la résultante de deux forces, qui font avancer le bateau. Évidemment, cette progression connaît une limite, sans cesse repoussée par les ingénieurs.

Les concepteurs de bateaux jaugent d'ailleurs la qualité d'un navire en fonction de la vitesse à partir de laquelle il ne peut plus aller plus vite que le vent. Pour les meilleurs, cette vitesse est à l'heure actuelle de l'ordre de 15 nœuds.

Pour les catamarans les plus modernes, le vent apparent peut dépasser de 150 % le vent réel ; ce qui permet aux immenses « 60 pieds » de boucler le tour du monde en moins de 80 jours. Dernier exploit en date : 48 jours, 7 heures et 44 minutes pour Franck Cammas en mars 2010. C'est le record.

Jusqu'à preuve du contraire…

Pourquoi…
… parle-t-on avec cet accent grotesque entre Neuilly, Auteuil et Passy ?

« Est-ce que vous avez un polâââ ?

— Un quoi ?!?

— Un Polaroid, Jacques… »

Rappelez-vous Valérie Lemercier dans *Les Visiteurs*. C'est vrai qu'elle est drôlement ridicule, et ridiculement drôle, cette élocution ampoulée du XVIe et d'ailleurs. Dans son ouvrage *Les Parisiens*, Alain Schifres décortique magnifiquement l'accent des beaux quartiers de la capitale : « On y prend le maigre dans le jambon des mots. On y parle en chuintant, ce qui rapetisse la bouche (la lèvre se porte en avant), en aspirant, ce qui donne de la cambrure, en enflant la voix, ce qui enfle la personne, et en faisant vibrer les voyelles. » Une diction autrefois réservée à une élite à mocassins à pompons et serre-tête en velours, puis que le sketch des Inconnus « Auteuil-Neuilly-Passy » a propulsée dans le grand public. Formidâââble !

Pourquoi tant de manières et d'affectation—surtout chez des gens qui ne jurent que par la sim-pli-ci-té ? Figurez-vous, manants, que l'accent du Village d'Auteuil—c'est un quartier, mais les autochtones persistent à l'appeler le Village—, d'une finesse à décortiquer à la fourchette à caviar, n'a pas été importé des salons dorés de l'Académie française, mais des DOM-TOM. À l'époque, on disait « nos colonies d'outre-mer ».

Car c'est l'accent d'une fille de Fort-de-France : Joséphine de Beauharnais.

Joséphine est née en 1763 aux Trois-Îlets en Martinique. En 1795, elle rencontre le jeune Napoléon Bonaparte qui, à vingt-six ans, tombe fou amoureux d'elle. Il l'épouse le 9 mars 1796. À son retour de la campagne d'Italie, en décembre 1797, Bonaparte est accueilli en héros par le Directoire. Joséphine devient la coqueluche de la haute société. Avant même qu'elle soit sacrée impératrice le 18 mai 1804 par l'empereur Napoléon lui-même, qui a pris la couronne impériale des mains du pape Pie VII, les dames de Paris s'escriment à copier son accent inimitable, mâtiné de créole. En quelques années, tous les aristocrates ne parlent plus qu'en roulant les *ch* et en plaçant des accents circonflexes comme s'il en pleuvait. Géniââââl, n'est-che pââås ?

Malheureusement pour Joséphine—et pour Napoléon qui en était raide dingue—, elle ne put lui donner d'héritier et fut répudiée en 1809. Cependant, jamais il n'a cessé de lui écrire. Avec des accents n'importe où. C'était sa manie. Exemple : la ville de Dôle dans le Jura. Pendant des siècles, elle s'est appelée Dole. Elle a pris son accent (qui ne se prononce pas) après une mauvaise orthographe de Napoléon. Pas un notable n'osa signifier à l'empereur qu'il avait calligraphié comme un sagouin le nom de sa ville : on préféra modifier les documents officiels.

Jusqu'à preuve du contraire…

Pourquoi…
… faut-il mettre quelques gouttes de citron dans la mayonnaise pour la faire prendre ?

Toutes les cuisinières le savent, il y a deux façons de réussir une mayonnaise : mettre quelques gouttes de citron, ou courir chez le marchand avant l'heure de fermeture pour l'acheter toute prête.

Oublions les boîtes et les tubes, nous parlerons aujourd'hui de la mayonnaise fraîche. Pourquoi du citron ? Quel goût cela lui donne-t-il ? Aucun ou presque. Il n'est pas question ici de gastronomie, mais de chimie.

La mayonnaise est une émulsion, un mélange de deux éléments qui n'ont aucune envie de se mélanger : la graisse et l'eau.

Le jaune d'œuf contient de l'eau (en règle générale, tous les ingrédients contiennent une proportion plus ou moins importante d'eau, à l'exception, bien sûr, des corps gras). L'huile est son frère ennemi.

Dans la nature, deux types de molécules sont particulièrement incompatibles : les corps gras et l'eau. Tous les corps gras. Cela tient à la nature de l'assemblage des atomes qui interdit toute cohabitation : les molécules ne peuvent absolument pas se mélanger. Pourtant, à force de persévérance, des cuisiniers déterminés ont trouvé une solution. Il s'agit d'utiliser une molécule dont la tête est compatible avec l'eau et la queue avec l'huile. Elle va donc servir de liaison et permettre au gras et à l'eau de ne pas se fuir. Cet agent de liaison est la lécithine, une substance contenue dans le jaune d'œuf…

Quel rapport avec le citron ?

Une fois l'émulsion réalisée—elle sera d'autant plus facile à faire que la vitesse de mélange sera rapide et la température de l'huile proche de la température ambiante—, un dernier élément va l'aider à tenir. Visualisons le mélange : les gouttes d'huile sont entourées de lécithine, formant une particule. Ces particules, chargées électriquement, se repoussent les unes les autres, ce qui assure la stabilité de l'émulsion. Or le citron est également chargé électriquement. Si on en met quelques gouttes dans le mélange, il aide à la stabilité de l'émulsion en augmentant la charge électrique des particules.

Messieurs les chimistes, bon app' !

Jusqu'à preuve du contraire…

Pourquoi…
… certains oiseaux chantent-ils (le rossignol, le merle) et d'autres non (le pigeon, le vautour) ?

Ah ! le chant du rossignol au printemps, les gais pépiements du pinson et les hululements sinistres de la chouette ou les affreux croassements des corbeaux…

Comment se fait-il que certains oiseaux aient des chants paradisiaques, aux lignes mélodiques riches, tandis que d'autres se contentent de hurler des cris plus ou moins discordants ?

Les éthologues ont fait des relevés précis de tous les sons émis par les volatiles, et sont parvenus à percer leur mystère. Tout est une question de sociabilité.

Schématiquement, les petits oiseaux sont ceux qui chantent—mésanges, merles, etc.—, alors que les gros se contentent de crier. Les fonctions des chants des petits oiseaux sont bien définies : chant de proclamation, qui permet de signaler sa présence, d'indiquer les limites de son territoire. Il peut avoir des modulations très différentes, propres à chaque espèce, et permet également d'appeler les femelles à proximité. Il y a également le chant d'invitation, de bienvenue, qui sert à se dire bonjour, au revoir, bref, qui concerne la vie de famille. Enfin, on trouve les chants d'alarme, les signaux de détresse utilisés pour signaler au groupe un danger ou encore pour appeler à l'aide. Tous ces sons dessinent les ramifications d'une vie sociale complexe.

Pour les gros oiseaux, la situation est plus simple : ils n'ont pas de vie sociale ! Ne vivant pas en communauté, ils n'ont aucun besoin de langage sophistiqué. Pas de vie de famille, pas de prédateurs, leur communication se limite au strict nécessaire : des cris affreux pour faire peur à des proies déjà terrorisées.

Jusqu'à preuve du contraire…

Pourquoi…
… de l'eau jetée dans une poêle très chaude se met-elle en petites boules ?

C'est une expérience intéressante à réaliser. Encore faut-il trouver les bonnes conditions. Une très haute température de la poêle est indispensable à la réussite de l'expérimentation. Trop faible, l'eau va s'étaler sur la surface métallique et s'évaporer en quelques instants. En revanche, si on vient par exemple de faire cuire un steak sur cette poêle, qui sera donc très chaude, l'eau va immédiatement former des petites boules, qui peuvent mettre jusqu'à une minute et demie pour s'évaporer.

C'est dû à ce que les savants appellent l'effet sphéroïdal, ou encore la caléfaction. Décomposons le processus.

En arrivant sur une poêle chauffée à plus de 300 degrés, l'eau voit sa température augmenter de manière si rapide que sa partie superficielle se transforme en vapeur immédiatement. Or la vapeur est un très mauvais conducteur thermique. Cette couche va donc empêcher le reste de la goutte d'eau de monter à une température suffisante pour s'évaporer. En quelque sorte, elle va faire office d'isolant. Ces gouttes sont pour ainsi dire portées par la vapeur, laquelle vapeur fait office de coussin d'air. Les gouttes glissent alors sur la poêle au gré du moindre souffle.

Je me ferais bien une entrecôte, du coup.

Jusqu'à preuve du contraire…

Pourquoi…
… le Carambar a-t-il un arrière-goût de chocolat ?

Parce que c'est bon, le chocolat ?

Pas faux, mais c'est un peu court !

La recette du Carambar, presque aussi secrète que celle du Coca-Cola (vous le verrez plus loin), a fait l'objet de supputations de plusieurs générations d'écoliers. Bien sûr, ils avaient du mal à s'expliquer, les dents collées par le fameux caramel… Voici donc enfin le fin mot de l'histoire.

Le Carambar est une création de la maison Delespaul-Havez, une fabrique de confiseries fondée en 1848 à Marcq-en Barœul, à côté de Lille.

La star de l'époque, question bonbon, c'était le caramel mou. Mais, en 1954, la firme détient des surplus de cacao à écouler. Qu'à cela ne tienne, M. Galois, responsable de la fabrication, et M. Fauchille fils, directeur de l'usine, ont l'idée d'incorporer cette poudre à du caramel, donnant naissance à la fameuse pâte, dure quand elle sort de la boîte, mais qui s'amollit si bien au fond d'une poche… C'est donc une volonté de rationaliser l'utilisation des stocks qui est à l'origine de toute la gamme.

Quant à la forme allongée de la confiserie (6,2 cm à l'époque), la légende veut qu'une machine déréglée en soit la cause.

Comme dirait l'autre : c'est bon quand c'est long.

Jusqu'à preuve du contraire…

Pourquoi…
… ne croise-t-on jamais dans la rue les filles des magazines ?

Je lis le journal au café. Face à moi, une jeune fille sirote un thé avec sa maman, de dos. Une grande blonde, dont les cheveux gras tombent sur les épaules comme des baguettes, le nez retroussé, la peau pas très nette. La maman sort de son sac un book de mannequin. La fille en photo est d'une beauté torride. Le teint ambré, la bouche pulpeuse, des dents parfaites, la chevelure chatoyante et ondulée. C'est elle ! Le canon et la médiocre ne sont qu'une seule et même personne. La maman n'est pas sa maman, mais son agent.

Pourquoi ne croise-t-on jamais dans la rue les filles des magazines ? Parce qu'elles n'existent pas.

La bombe atomique dont vous enviez les courbes a été castée parmi des centaines d'autres nymphettes, par l'agence puis par le client (c'est comme ça qu'on dit : client). Le jour J, elle est coiffée et maquillée. Comptez trois heures de préparation. Rajoutez une heure d'éclairage du studio. Le shooting commence : au bas mot, un demi-millier de prises de vue. Arrive la retouche numérique. Le logiciel Photoshop gomme les plis, estompe la moindre ridule, enjolive l'aisselle, remonte un sein, affine la cuisse et retire le point noir sur la lèvre qui aurait échappé aux maquilleuses. L'opérateur ne s'arrête pas là : la belle n'a jamais pris cette pose gracieuse et tellement sexy. La photo est une combinaison de plusieurs : le visage, c'est la 340 ; le buste, la 221 ; le bras, la 028 ; la main, la 379, etc. C'est pas une fille, c'est un puzzle ! C'est ainsi que Laetitia Casta s'est un jour retrouvée en couverture d'un magazine avec deux pieds droits…

Tout cela serait risible si de pauvres adolescentes ne se tuaient la santé à se faire maigrir pour ressembler à ces chimères. La souffrance, l'anorexie, la honte d'être hors norme, vous imaginez la suite…

Mesdemoiselles, mesdames, chères amies, apprenez qu'il n'y a qu'une partie du corps que Photoshop ne peut retoucher, et c'est la plus séduisante : le cerveau.

Jusqu'à preuve du contraire…

Pourquoi…
… les punks portaient-ils des épingles à nourrice ?

Tout est parti de la rage incommensurable que portait en lui Johnny Lydon, le futur Johnny Rotten, chanteur des Sex Pistols.

Londres, 1975. John a dix-neuf ans. Il est parti de chez lui, il vit dans un squatt à Hampstead—quartier résidentiel de Londres—et vomit la société dans laquelle il a vu le jour. Il a vécu une enfance misérable, une méningite a achevé de le mettre à l'écart des autres et il bout d'une rage qu'il exprime par des moyens divers. Il s'est coupé les cheveux, en rupture avec les hippies, les a teints en vert.

Pour les vêtements, même technique : il achète, ou récupère, des costumes à bas prix, les lacère à coups de ciseaux et fait tenir les morceaux avec des épingles à nourrice. Une façon de refuser jusqu'aux codes vestimentaires.

Attifé ainsi, il se balade sur King's Road, où se situent alors les boutiques de vêtements les plus en vue. On y trouve notamment la boutique SEX, dirigée par Vivienne Westwood. Elle est mariée à Malcolm McLaren, futur manager des Sex Pistols, qui proposera à Johnny de devenir le chanteur du groupe… Vivienne Westwood, de son côté, intègre l'épingle à nourrice dans ses créations. Certains soutiennent que McLaren aurait reconnu dans ce visuel les affiches parisiennes de Mai 68 qui l'avaient tant impressionné à l'époque.

1968

1977

Quoi qu'il en soit, avec l'explosion punk, les jeunes en rupture avec la société de consommation adoptent toutes les attitudes provocatrices possibles. Sans aller jusqu'au collier de chien de Siouxsie and the Banshees, ou aux croix gammées de Sid Vicious, l'épingle à nourrice se généralise, et passe des vêtements au corps, en piercing, histoire de faire frémir dans les chaumières. Les effets de mode et le suivisme s'incrustent partout, y compris chez les keupons qui prétendent vomir la mode.

Sartre avait prévenu : *« Il n'est pas de sentiment plus communément partagé que de se vouloir différent des autres. »*

Jusqu'à preuve du contraire…

Pourquoi…
… les chats noirs ont-ils presque toujours quelques touffes de poil blanc ?

Dans presque toutes les cultures, le chat est un animal double, souvent considéré avec méfiance. Peut-être est-ce dû à son indépendance, à son attitude qui peut être douce ou sournoise.

Pour les chats noirs, c'est pire. On leur a prêté des qualités magiques, en bien ou en mal, qu'ils incarnent des génies ou des serviteurs des enfers.

En 1233, le pape Grégoire IX décrit dans un texte officiel la présence de Satan sous forme de chat noir. C'est le début de la curée. Les croyants, galvanisés par l'idée de combattre le diable, traquent ces pauvres bêtes et les massacrent. Or quelques touffes de poil blanc leur offrent alors la vie sauve.

Cette obscure bêtise ne se limite pas au Moyen Âge. Au XVIIe siècle, des médecins prétendent guérir les maladies des yeux grâce à une poudre de chat noir.

Évidemment, après un tel acharnement, les chats complètement noirs ont quasiment disparu. Ne restent que ceux qui ont des touffes de poil blanc… Ironie de l'histoire, ils sont maintenant tellement rares qu'on leur a accordé un pedigree, et qu'on se les arrache ! Les chats, pas les poils.

Jusqu'à preuve du contraire…

Pourquoi…
… sur les cartes géographiques le nord est-il toujours en haut ?

Vous connaissez le refrain : « Papa est en haut, le sud est en bas, qui fait du chocolat. » Mais je m'égare… Et c'est pas le moment de s'égarer, pourtant.

Tout d'abord, il faut une convention. Malgré le GPS, quelle pagaille ce serait si chacun choisissait son propre repère !

Une constante revient chez les cartographes : placer au centre ce qu'ils considèrent comme le plus important. Légitime. Un des plus grands savants du monde antique, Ptolémée, n'agit pas autrement lorsqu'il fixa, vers 150 apr. J.-C., les règles qui devaient permettre à tout géographe de continuer la description du monde connu. Il plaça donc l'Égypte au milieu de ses cartes et, en scientifique, détermina certaines conventions—attribution de coordonnées à tous les points connus, par exemple, en choisissant l'équateur comme base de la latitude.

Mais au Moyen Âge la donne a changé. En pleine ère chrétienne, il fallait bien respecter les convenances et mettre le paradis en haut de la carte ! Sauf que le paradis était aussi traditionnellement censé se trouver à l'est, vers cet Orient mystérieux. C'était également la grande époque des croisades et du commerce des épices. L'est, placé en haut de la carte, devint donc le nouveau repère ; c'est de là que vient l'expression « s'orienter ».

Dernière grande étape, vers 1300 : l'invention de la boussole. Le nord magnétique et le nord géographique (où convergent les méridiens) n'étant pas très éloignés, le nord redevient la référence absolue et commune, notamment sous l'impulsion des navigateurs. Ajoutez à cela qu'on avait un moyen très facile et sûr de retrouver le nord : l'étoile Polaire (sans oublier la mousse sur les arbres, mais c'est une autre histoire). Bref, de très bonnes raisons de revenir au système de Ptolémée… Sans oublier que tous les cartographes se trouvaient dans l'hémisphère Nord. On n'est jamais mieux servi que par soi-même.

Jusqu'à preuve du contraire…

Pourquoi…
… ne voit-on jamais les poissons dormir ?

Facile de faire l'expérience : il suffit de se laisser enfermer dans un aquarium après la fermeture. Ou, plus simple, d'observer des poissons rouges dans leur bocal. Quelle que soit l'heure du jour ou de la nuit, ils tournent, posant leurs yeux ronds sur le monde qui les entoure—déformé par la concavité du verre. Impossible de prendre leur vigilance en défaut.

Les poissons ne ferment jamais les yeux. Même à la poissonnerie. Pour une raison simple : ils n'ont pas de paupières. Eh oui, les poissons dorment, mais on ne le voit pas.

Comment dormir sans fermer les yeux ? C'est une question d'habitude. Nous dormons bien sans fermer les oreilles, nous ! Ouvrez l'œil page 26 (pourquoi les oreilles n'ont-elles pas de paupières).

Jusqu'à preuve du contraire…

Pourquoi…
… fait-on gicler le champagne sur les podiums de formule 1 ?

C'est l'une des images fortes de la F1 : après les hymnes, le vainqueur monte sur le podium, secoue un magnum de champagne, fait péter le bouchon, puis arrose le deuxième et le troisième, les spectateurs, et lui avec, dans une orgie de bulles.

Pour quelle raison ? Pourquoi une boisson alcoolisée dans un sport qui réclame avant tout de rester sobre ?

Tout est parti du Grand Prix de France 1950, le 2 juillet. La course se déroule cette année-là sur le circuit de Reims. Le légendaire Fangio l'emporte, et il reçoit des mains de Paul Chandon-Moët et Frédéric Chandon de Brailles, producteurs locaux et par ailleurs amateurs de vitesse, un jéroboam de Moët et Chandon qu'il garde pour plus tard, sans l'ouvrir.

Ce cadeau devient un rituel, qui perdure jusqu'en 1966. Nous sommes cette fois aux Vingt-Quatre Heures du Mans. L'Anglais Colin Davis et le Suisse Jo Siffert emportent l'épreuve à l'indice de performance, sur Porsche. À l'arrivée, le champagne est là, mais on a oublié de le mettre au frais. Au moment des hymnes, le bouchon saute accidentellement et le précieux liquide douche les pilotes, qui arrosent le public massé au pied du podium. C'est bon, c'est rafraîchissant, et surtout c'est spectaculaire.

L'année suivante, la victoire revient à l'Américain Dan Gurney, sur Ford GT40. Les organisateurs du Mans ont pris soin de lui offrir un magnum bien frais. Mais ce nostalgique secoue la bouteille avec violence pour reproduire l'incident de 1966, sous les hourras de la foule ! C'est désormais la tradition dans toutes les courses mécaniques, y compris en rallye, ou à moto.

Revenons à la F1. Le premier Grand Prix de la saison 2010 s'est tenu à Abou Dhabi, en terre musulmane. La tradition a presque été respectée. L'alcool étant prohibé sur tout l'Émirat, le champagne a été remplacé par du *waard*, une sorte de limonade à l'eau de rose, et le vainqueur Fernando Alonso (Ferrari) a pu faire gicler les bulles.

Boire et conduire, inutile de choisir.

Jusqu'à preuve du contraire…

Pourquoi…
… le dérailleur d'un vélo est-il toujours à droite ?

Le progrès n'attend pas. Expédions sans tarder les ancêtres : la draisienne (1818), le vélocipède (1830) ou le grand bi (1870).

La bicyclette moderne, telle que nous la connaissons encore, avec propulsion par chaîne via la roue arrière, a été inventée en 1884 par l'Anglais John K. Starley.

Le premier dérailleur servant au changement de vitesses par système d'engrenage a vu le jour en 1889 sous le nom de « The Cyclist », très vite imité et amélioré par d'autres procédés. Sur les premiers modèles, les changements de vitesses s'effectuaient en appuyant sur un levier, qui n'était pas au guidon mais sur le cadre. Et ce levier était très dur à actionner. Il fut donc placé à droite de manière à ce que ce soit la main la plus forte qui le manipule. Logiquement, pour éviter que le câble ne croise sur le cadre, le dérailleur fut placé du même côté. Cela permettait en outre d'avoir la plus petite longueur de câble possible.

Par ailleurs, beaucoup de ces nouveaux cyclistes perpétuaient la tradition équestre : monter par la gauche, comme à cheval. D'où l'avantage supplémentaire de la chaîne à droite : moins tacher le bas de son pantalon. Ou sa jupe longue. Ou ses chaussettes. Ou ses mollets de cycliste. Ou ses bas couture.

Mais je déraille.

Jusqu'à preuve du contraire…

Pourquoi…
… les vieux messieurs portent-ils leur pantalon plus haut que les jeunes ?

« J'ai niqué couille molle ! » Il n'y a qu'à voir le look de Jacques Chirac aux *Guignols*, la main dans la poche, la ceinture au milieu du bide, le pantalon tellement remonté que la cravate lui entre dedans.

Sans aller jusqu'à cette caricature, on a tous fait cette observation un jour ou l'autre, confronté à un arrière-grand-père ou planté devant une séance du Sénat : les vieux messieurs, même sans bretelles, portent leur pantalon taille haute, mais alors vraiment haute…

Tout d'abord, et c'est l'explication la moins avouable, une tentative méritoire pour cacher un ventre naissant, voire très largement installé. Autant les prévenir : ça ne fonctionne pas.

Autre argument : la mode, ou plutôt ses glissements. En effet, les messieurs que nous qualifions aujourd'hui de « vieux » sont nés dans un temps lointain, bien avant la démocratisation du *blue-jean*. Or c'est le jean qui a initié le style « taille basse », en tout cas une coupe plus basse que les précédentes. Nous nous trouvons là face à un manque flagrant d'adaptation au temps qui passe… Notons au passage que les ados qui descendent leur pantalon au milieu des fesses imitent—souvent sans le savoir—les prisonniers américains à qui la police retire la ceinture au moment de l'arrestation. Calbute apparent = prisonnier = *bad boy* = trop classe !

Enfin, la physiologie offre un éclairage intéressant. Chacun, au cours de sa vie, perd des centimètres. Année après année les vertèbres se tassent, le dos se courbe. Alors, de deux choses l'une : soit on refait tous ses ourlets, soit on remonte son pantalon pour qu'il ne traîne pas au sol.

Jusqu'à preuve du contraire…

Pourquoi…
… l'arobase ?

Ah ! @ ! @h ! Enfin on en parle ! Comme M. Jourdain faisait de la prose sans le savoir, certains envoient cent mails par jour grâce à l'arobase, machin@truc.com, sans même connaître son nom.

D'où vient ce mot ? De quel genre est-il ? Les dictionnaires n'arrivent pas encore à trancher s'il est masculin ou féminin.

Certains voient en lui un mot issu de l'espagnol *arroba,* lui-même serait généré par l'arabe *ar roub,* « le quart », une unité qui représenterait le quart d'une unité de 50 kg. Admettons. Wikipedia situe la chose à 1995. Ce qui semble bien neuf pour un mot ancien. Et quel rapport avec Internet ?

Contrairement à ce que son usage moderne laisse présager, l'arobase—@—est un symbole utilisé depuis des siècles. Bien avant l'invention d'Internet, et même avant l'électricité, et même avant l'imprimerie : depuis le Moyen Âge ! Ce sont des moines copistes qui l'inventèrent : un raccourci avec lequel ils traduisaient la préposition latine *ad*, signifiant « à », « vers », entourant le « a » de la barre traditionnellement courbe du « d ». Les anglophones ont d'ailleurs gardé de cette origine l'appellation « *at* » pour désigner ce symbole.

Quant à son nom, le fameux (ou la fameuse) « arobase », il provient pour sa part de la tradition des imprimeurs. Jusqu'à l'arrivée de l'informatique, la composition des textes grâce aux lettres en plomb nécessitait un rangement de ces ustensiles commun à toutes les officines, de manière à ce que les typographes ne perdent pas de temps à chercher une lettre. L'habitude fut ainsi prise de placer les majuscules (ou capitales, en langage de typographe) en haut du meuble, et les minuscules en bas. Le meuble lui-même étant appelé une « casse », l'expression « bas de casse » naquit, synonyme de minuscule (les logiciels de traitement de texte utilisent d'ailleurs « changer la casse » pour passer des majuscules aux minuscules ou inversement). Or le « @ » se trouvait en bas de casse. Et comme il se distinguait du « a » par le rond qui l'entourait, on l'appela vite « a rond bas », qui, en se déformant, devint « arobase ».

Jusqu'à preuve du contraire…

Pourquoi…
… les moucherons ne sont-ils pas écrasés par les gouttes de pluie ?

Le déluge ! Imaginez le déluge ! Imaginez que vous ramassiez deux tonnes d'eau sur la tronche en une fraction de seconde. Sachant qu'un moucheron pèse quelques milligrammes et que la goutte d'eau, définie par les pharmaciens, représente 0,05 gramme, le rapport entre l'un et l'autre est de l'ordre de 1 à 30, le choc s'annonce explosif. C'est quasiment comme si on se prenait deux Twingo sur la tête. Déjà, imaginez la douleur avec une seule…

Et pourtant, le moucheron : même pas mort ! Explication : un détail fondamental nous différencie de l'insecte : nous ne volons pas. En suspension dans l'air, le moucheron est sensible aux déplacements des grandes masses : le vent par exemple peut lui faire parcourir des distances très importantes. Or la goutte d'eau, par un effet aérodynamique bien connu, déplace l'air en tombant. Pour nous, c'est imperceptible, mais le moucheron, compte tenu de son poids minime, est vivement écarté de la trajectoire de la goutte grâce à cela. Comme s'il avait été soufflé par un sèche-cheveux. Ce qui le sauve. Ce poids mouche.

Jusqu'à preuve du contraire…

Pourquoi…
… dit-on « merde » pour porter chance avant un spectacle ?

« Greg, la France te dit merde ! »

Voilà le genre de message qu'on peut lire sur le site officiel de TF1, à la page « La ferme célébrités ». Il s'adresse à Grégory, ex-Greg le Millionnaire (je précise pour ceux qui tomberont sur ce livre dans vingt ans et qui se demanderont qui est ce Greg si peu célèbre). Quand tout un pays vous insulte, même pour vous porter chance, voilà qui mérite une explication.

L'usage vient du monde du théâtre, avant de se répandre ensuite dans le spectacle et le sport. Remontons au XIXe siècle, quand ni la télé ni la bagnole n'existaient. La bourgeoisie se déplaçait en calèche. Le soir aux alentours des théâtres, des ribambelles de calèches attendaient les spectateurs, leurs propriétaires. Et comme les chevaux ont pour particularité, notamment, de se soulager quand bon leur semble, il régnait au bout d'un moment une nette odeur de fumier aux abords de la salle de spectacle. Plus une pièce avait du succès, plus l'odeur était forte ! D'où l'habitude de souhaiter « de la merde » à ceux qui commençaient les représentations d'une pièce ou d'un opéra. En dehors, et non sur scène.

Jusqu'à preuve du contraire…

Pourquoi…
… n'arrive-t-on jamais à refaire les recettes des magazines ?

C'est souvent la page la plus élégante des magazines de mode : les recettes de cuisine. Miam ! Qu'ils sont appétissants, ces poulets délicatement marinés aux épices et dorés au four, ces suprêmes de langoustines aux fines herbes, ces petits chaussons au foie gras ! Ces couleurs chatoyantes, ces fumets qui montent au ciel comme autant de promesses de festins !

Découpons vite la recette et lançons-nous. Patatras ! ça ne ressemble à rien. La croûte qu'on attendait luisante s'avère terne, le coulis fait des grumeaux, et la verte ciboulette a viré caca d'oie… Mais pourquoi donc cela ne ressemble-t-il pas à la photo ?

Parce que sur l'image qui nous avait tant fait saliver, tout est faux ou presque. Nos réalisations ne ressemblent pas aux recettes des magazines, parce que leurs illustrations sont fabriquées par des photographes spécialisés qui ont des recettes différentes de celles des cuisiniers.

Pour faire briller le poulet et donner l'impression qu'il croustille, ils utilisent du vernis. Et ils passent des plombes à dresser l'assiette. Il arrive même que les ingrédients soient collés à la glue pour former un bel ensemble ; et tant pis si dans votre assiette à vous, tout s'écroule. La fumée qui s'échappe de la cocotte en fonte sortie du four est parfois obtenue avec des Marlboro. Sans vouloir généraliser : il arrive que ce soient des Pall Mall. Pour éviter que le sorbet ne fonde sous les projecteurs, on le remplace par de la purée de pommes de terre, teintée aux colorants.

Inutile de dire qu'après une séance photo, le joli plat ne termine pas dans les assiettes de l'équipe, mais directement à la poubelle.

Jusqu'à preuve du contraire…

Pourquoi…
… le moteur de recherche le plus utilisé au monde s'appelle-t-il Google ?

Une des plus belles réussites du Web est sans conteste celle de ce moteur de recherche, utilisé par l'immense majorité des internautes. À tel point que « googueliser » est entré dans le vocabulaire commun, et déjà dans le dictionnaire aux États-Unis. Le site assure 2,5 milliards de requêtes par jour dans le monde, la firme affiche 22 milliards de dollars de trésorerie, et 180 milliards de dollars de capitalisation boursière en mars 2010.

Contrairement à ce que l'on pourrait croire, ces deux syllabes n'ont pas été trouvées par les inventeurs du moteur de recherche, Larry Page et Sergey Brin. Deux petits génies des maths et de l'informatique qui se rencontrent en 1995 à l'université du Michigan. Larry n'a que vingt-quatre ans et Sergey vingt-trois. Ils commencent en 1996 à travailler sur leur moteur de recherche et installent leur société en septembre 1998 dans un garage à Menlo. Alors qu'ils faisaient un *brain-storming* pour donner un nom à leur invention, ils entendent parler d'Edward Kasner. Ce mathématicien étudiait les très très grands nombres et, en 1938, il a voulu désigner le chiffre 1 suivi de cent zéros. C'est-à-dire 10^{100}, soit encore :

10000000000000000000000000000000000000000000000000000000000000000000000000000000000000000000000000000.

Ce nombre n'est pas infini, mais prodigieux. Il est supérieur au nombre de particules dans l'univers, 10^{80}, soit 1 avec 80 zéros derrière. Mais comment nommer cette quantité innommable ? À court d'imagination, Kasner a demandé à son neveu de huit ans s'il avait une idée. « Googol ! » lança le gamin. Et tonton Edward adopta la trouvaille.

Soixante ans plus tard, un des étudiants qui participe à la réunion de Page et Brin vient de lire le vieux traité de Kasner, *Mathematics and the Imagination*. Il propose de reprendre ce terme. Adopté ! Au moment de déposer le nom de domaine, l'orthographe est légèrement modifiée, en partie pour des raisons de droits d'auteur. « Google.com » est parti pour durer. Au moins 10^{100} ans.

Jusqu'à preuve du contraire…

Pourquoi…
… le rock s'écoute-t-il si fort ?

« Faites du bruit ! Plus de bruit ! » C'est l'un des leitmotive du rock, hurlé aussi bien par les stars sur scène que par le public en délire.

Depuis le premier rock, *Rocket 88*, par Ike Turner, en 1951 (classé à l'époque comme *rythm and blues*), suivi de près par Bill Haley et son *Rockin' the Joint* en 1952, la taille et le nombre des amplis n'ont cessé d'enfler, au point que désormais, des inspecteurs de la DDASS inspectent les salles de concert pour vérifier que la sono n'a pas été poussée jusqu'au *seuil de la douleur* ! On ne compte plus les cas de surdité, chez les fans comme chez les musiciens. Pourquoi ce besoin de tourner à fond le bouton de volume ?

Évidemment, il y a une dimension culturelle, limite œdipienne. Le rock s'est bâti comme une forme de rébellion anti-parents, une contre-culture, la musique des jeunes que les vieux ne comprennent pas. C'est transgressif, ça doit tout envahir, y compris l'espace sonore.

Mais la principale explication est esthétique, artistique même. Le rock est né au sortir de la Seconde Guerre mondiale. Son irruption coïncide avec celle de l'électronique. Les guitares acoustiques traditionnelles—cordes nylon ou métal—émettent des fréquences dans le registre des médiums, comparable à la voix humaine. Une fois l'instrument électrifié, grâce au système d'amplification, apparaissent des fréquences très élevées (jusqu'à 20 000 Hz). Ça, c'est pour les aigus. Pour les graves, il y a les guitares basses qui portent bien leur nom, dont le premier modèle fut créé par Léo Fender en 1951 : la Fender Precision, au rendu sonore beaucoup plus ample que la contrebasse de l'orchestre symphonique recyclée par les jazzmen.

Dans le rock, grâce à l'électronique, toutes les fréquences sont représentées : des très graves, des médiums, des haut-médiums et des aigus. De l'infra-basse à l'ultrason.

Or il se trouve qu'à faible volume, l'oreille humaine perçoit avant tout les médiums, et peu les basses et les aigus. Pour retrouver le mixage original, il est nécessaire de pousser le volume à un certain seuil. Faites l'expérience sur votre stéréo. Baissez le son au minimum : la basse et les cymbales disparaissent du champ auditif. C'est pour cette raison que la plupart des amplificateurs comportent une touche pour compenser l'écoute à faible volume, le fameux « loudness ».

Un demi-siècle après Elvis Presley, le rock fait désormais partie de la culture classique des pères de famille. Il s'écoute toujours fort, mais souvent au casque. Et cette fois ce sont les grands-pères qui sont obligés de monter le son : après des années à écouter Deep Purple à fond depuis *Smoke on the Water* en 1972, ils sont devenus sourdingues.

Jusqu'à preuve du contraire…

Pourquoi…
… n'y a-t-il pas d'insectes géants ?

Imaginez une araignée grosse comme un pouf marocain. Ou encore un mille-pattes long comme un crocodile. Et une mouche lourde comme un aigle… Et si une mutation génétique permettait à toutes ces sales bestioles de grandir démesurément ? Inquiétant, non ?

Rassurez-vous, c'est impossible. À cause de leur système respiratoire, qui l'interdit. Les insectes n'ont ni branchies comme les poissons, ni poumons comme les humains et autres mammifères. Aucun organe particulier n'est dédié à la respiration. Pour s'oxygéner, les insectes sont traversés par un réseau de fins canaux, les trachées, qui se ramifient dans tout leur corps. Les stigmates, trous minuscules, permettent à l'air d'entrer dans ces canaux. Les organes absorbent l'oxygène au passage…

Voilà ce qui nous sauve d'un cauchemar éveillé : s'ils étaient trop grands, les insectes mourraient asphyxiés. L'air mettrait trop de temps à traverser leur corps.

Jusqu'à preuve du contraire…

Pourquoi…
… l'étoile Polaire indique-t-elle toujours le nord ?

Qui ne s'est jamais plongé dans l'observation vertigineuse de la voûte étoilée dont les milliards de points lumineux nous font tutoyer l'infini, nous rappellent notre place minuscule, perdus que nous sommes au milieu de cette immensité ?

« Oh ! regarde cette étoile, elle bouge !—Mais non, chouchou, c'est le toit ouvrant… » Pour peu que nous passions suffisamment de temps allongé dans l'herbe, nous pouvons constater que les étoiles se déplacent vraiment. Plus exactement, qu'elles nous donnent l'impression de bouger. Bien sûr, depuis Galilée, nous savons que c'est la Terre qui tourne, et nous avec elle. Et c'est là, le regard perdu dans le cosmos, que l'interrogation nous saisit : comment l'étoile Polaire peut-elle indiquer toujours le nord, puisqu'elle se meut apparemment comme les autres ?

La réponse est dans la question. On l'a vu : les étoiles ne bougent pas au-dessus de nos têtes, c'est la Terre ici-bas qui tourne sur elle-même. L'étoile Polaire se trouve exactement dans l'axe des pôles, d'où son nom. La Terre tournant sur cet axe, l'étoile Polaire est toujours, visuellement, à la même place. Étoile Polaire est en quelque sorte une fonction. C'est l'étoile qui est dans l'axe du pôle.

Pour info, l'axe de rotation de la Terre n'est pas figé. Il varie avec le temps, imperceptiblement, mais il varie. Ursae Minoris est le nom de l'actuelle étoile Polaire. Il y a douze mille ans, c'était Vega. Et bientôt, ce sera une autre : dans vingt-cinq mille ans. Ça peut paraître long, mais pour les astronomes, deux cent cinquante siècles, c'est une broutille.

Jusqu'à preuve du contraire…

Pourquoi…
… les chevaux de concours hippiques ne sautent-ils pas par-dessus leur enclos ?

C'est une énigme arithmétique. Les barrières de la plupart des enclos ne dépassent pas 1,40 m, même pour les cracks, alors que dans les concours hippiques, il n'est pas rare que les obstacles affichent 1,60 ou 1,80 m, voire 2,05 m au jumping de Nantes !

Les chevaux ont largement les capacités pour sauter par-dessus les barrières, surtout qu'ils n'ont personne sur le dos (c'est le cas de le dire !). Et pourtant ils restent bien sagement dans l'espace qui leur est réservé.

Bien sûr, ces herbivores aiment leur confort et apprécient de trouver des compléments alimentaires, des box à la paille fraîche et des mains bienveillantes pour les brosser et curer leurs sabots.

Bien sûr, il y a l'instinct grégaire du cheval, qui apprécie la compagnie de ses congénères. Cela dit, un troupeau entier pourrait décider de se faire la malle.

L'explication est ailleurs. S'ils ne s'envolent pas au-dessus des barrières, c'est parce que nos champions sont certes entraînés à sauter, mais toujours avec une selle et un cavalier pour les guider. Livrés à eux-mêmes, ils n'ont pas le réflexe de bondir. Pour parler de manière anthropomorphique, ils n'imaginent même pas que cela soit possible.

À une exception près toutefois : quand il y a une jument en chaleur dans le pré d'à côté. Rien d'anthropomorphique cette fois.

Jusqu'à preuve du contraire…

Pourquoi…
… l'Île-de-France est-elle qualifiée d'île alors qu'elle n'en est pas une ?

Inutile de s'offrir un yacht ou un Zodiac pour faire le tour de l'Île-de-France. Un passe Navigo 6 zones suffit. Alors pourquoi cette ronflante appellation insulaire ?

Parce que la France n'a pas toujours été le territoire que nous connaissons, l'hexagone et ses quatre coins. Ses frontières ont considérablement évolué au cours de l'Histoire.

Longtemps, l'appellation « France » a désigné la région située au nord de la Loire, occupée par les Francs. Nous sommes après la mort de Charlemagne, son empire est partagé entre ses descendants. Jusqu'en 987, date de l'accession au trône de Hugues Capet, on appelle ces terres la Francie occidentale. Lorsque Hugues Capet se détache de la Germanie, ces terres représentent le domaine royal, assez modeste à vrai dire. Le royaume des Francs devient le royaume de France, domaine royal réduit à une portion congrue. Paris n'en fait même pas partie. Cela se limite à trois pôles : les alentours de Poissy, Compiègne et Orléans. Mais ce qui distingue ces terres des autres, c'est que les Capétiens sont des rois « sacrés », alors que leurs voisins sont des seigneurs « ordinaires ».

Philippe Auguste, au XIIe siècle, va considérablement agrandir ce territoire, tâche que ses successeurs vont s'efforcer d'amplifier. Les terres qui constituaient la première « France » acquièrent alors leur nom d'« île » parce qu'elles sont situées entre différentes rivières : la Seine, l'Oise et la Marne, qui délimitent leurs frontières. Évidemment, quand il n'y avait pas de ponts, l'impression d'isolement était renforcée.

Je me suis renseigné : un passe Navigo 6 zones, ça va chercher dans les 1 250 euros par an.

Jusqu'à preuve du contraire…

Pourquoi…
… janvier est-il le mois du blanc dans les magasins ?

Parce qu'il en faut bien un, est-on tenté de répondre. Mais c'est un peu court. Et janvier ou pas janvier : pourquoi cette tradition annuelle ?

La paternité de ces semaines de promotions sur les draps, les serviettes et autres tapis de bain revient à l'inventeur des grands magasins, Aristide Boucicaut. Ce fils de commerçant a lancé la première boutique « moderne » en voulant recréer l'impression qu'il avait ressentie à l'Exposition universelle de 1855 à Paris : des rayons nombreux, dans lesquels la marchandise se trouve à portée de main, de manière à donner une sensation de profusion qui tournait la tête aux visiteurs. On lui doit aussi le principe des marges faibles, de la rentabilité fondée sur une vente rapide des marchandises, de l'affichage des prix, et des soldes… C'était Le Bon Marché, dont Zola s'est inspiré pour son roman *Au Bonheur des Dames.* Il a été fondé en 1838, mais il a pris son essor en 1863, quand Boucicaut s'est retrouvé seul aux commandes après avoir racheté les parts des fondateurs, les frères Videau.

En ce qui concerne le mois du blanc, l'origine est la suivante. Un mois de janvier particulièrement neigeux, Aristide Boucicaut se désespérait de voir ses clients, rebutés par les trottoirs glissants, bouder son magasin. Il eut alors un éclair : pour créer l'événement, il fit redécorer tout son établissement en blanc, sans trop de frais, grâce à ses stocks de draps et de serviettes. Le thème de la vente était tout trouvé. Et les clients sont venus, comme ils continuent de le faire, maintenant que tout le monde a adopté le concept, les fournisseurs et la concurrence.

Jusqu'à preuve du contraire…

Pourquoi...
... n'y a-t-il pas de nourriture pour chat à saveur de souris ?

Depuis le temps que Tom court après Jerry, pourquoi sa maîtresse ne peut-elle pas lui offrir une ration de croquettes au bon goût de rongeur ?

Les experts en marketing ont évidemment étudié la question. Ce serait trop cher ? Pas du tout. Si ce produit n'existe pas en rayon, c'est qu'il ne se vendrait pas.

Si les pauvres matous ne peuvent se délecter de pâtée de souris qu'ils aiment tant chasser, c'est parce que leurs maîtres ne sont que moyennement motivés pour acheter des boîtes « gris souris ». Pourquoi ? Tout simplement parce que la relation avec l'animal passe le plus souvent par une identification anthropocentrée. En clair, on donne à manger à son chat ce qu'on imagine être bon pour lui, c'est-à-dire ce qui est bon pour soi : foie de veau, poisson, etc. Il n'y a qu'à regarder les publicités pour les aliments destinés aux animaux pour s'en rendre compte. Il existe même des marques qui prétendent fourguer aux chats des menus « équilibrés ». Comme si les chats—félins carnivores—devaient manger, comme nous, des féculents et des légumes verts ! Pourquoi pas un After Eight et un verre de porto après le café ?

Mais le directeur des ventes se moque de cette absurdité. Ce sont les humains qui dépensent l'argent, ce sont donc les humains qui doivent être convaincus. Combien de personnes vous diront que leur animal « fait partie de la famille » ? Qu'il ne lui manque que la parole ? On ne donne pas des souris à manger à son enfant, quand même ! Tout au plus lui achète-t-on un jouet en plastique…

Jusqu'à preuve du contraire…

Pourquoi…
… les milliardaires sont-ils souvent propriétaires de clubs de foot ?

Le club le plus riche d'Angleterre appartient à un Russe. L'oligarque Roman Abramovitch a acheté Chelsea en 2003 pour 200 millions d'euros. Il y a injecté à ce jour plus de 700 millions. Il salarie des stars comme Deco, Didier Drogba, Nicolas Anelka, Franck Lampard, Michael Essien, Joe Cole ou Michael Ballack. Bonjour les fiches de paye !

Le magazine *Forbes* a recensé les dix plus riches propriétaires de clubs de foot. On ne va pas tous les citer. Lakshmi Mittal, n° 1 mondial de l'acier, a racheté les Queen's Park Rangers. Silvio Berlusconi, à la fois première fortune et Premier ministre d'Italie, gouverne aussi le Milan AC. François Pinault, troisième fortune française, est propriétaire du Stade Rennais. Le milliardaire américain Paul Allen, cofondateur de Microsoft, s'est carrément offert la Ligue américaine de football (qu'on appelle là-bas *soccer*). On se souvient encore de Bernard Tapie à Marseille ou d'Alain Afflelou à Bordeaux. Qu'est-ce qu'ils ont tous avec le foot ? Ça rapporte tant que ça ? Pas du tout : ils dépensent le plus souvent à perte.

Mais pour une fois, ces hommes à qui rien ne résiste ou presque, ces dirigeants entourés de béni-oui-oui qu'ils ont eux-mêmes placés là, ces businessmen richissimes (*Forbes* estime la fortune de Lakshmi Mittal à 51 milliards de dollars, celle de Paul Allen à 16,8 milliards de dollars, celle de Berlusconi à 11,8 milliards de dollars, celle de François Pinault à 14,5 milliards de dollars) ; pour une fois disais-je, ces surhommes redeviennent des hommes comme les autres : ils ne gagnent plus à tous les coups ! Une équipe de foot, c'est de l'adrénaline tous les week-ends.

Inversement, quel tourment pourrait bien vous causer la perte d'un million de dollars quand vous en possédez cinquante mille fois plus, comme Lakshmi Mittal, le *tycoon* de l'acier que la France a supplié d'investir dans l'hexagone ?

Pourtant, certains finissent par ne plus supporter ce suspense. Ils ont investi dans le sport, mais regrettent ensuite la glorieuse incertitude du sport, et corrompent les arbitres ou les autres équipes pour gagner à tout prix, c'est le cas de le dire.

Comme dans la parabole du scorpion qui traverse la rivière sur le dos du petit lapin qui sait nager, et qui lui injecte quand même son venin au milieu des flots. « Pourquoi m'as-tu piqué, demande le lapin, on va mourir tous les deux ?

— Je sais, répond le scorpion. Mais on ne se refait pas. »

Jusqu'à preuve du contraire…

Pourquoi…
… les Écossais portent-ils des kilts ?

Je vous épargnerai la description du kilt, et le cortège de plaisanteries plus ou moins subtiles qui s'attachent à évoquer ce qu'il y a en dessous.

Toujours est-il que si une terre devait accueillir la jupe courte pour homme, la logique voudrait que ce ne fût pas l'Écosse, froide et humide contrée insulaire, battue par les embruns, le crachin et les vents du nord. Bref, une météo à ne jamais se mettre en kilt. Surtout sans bas ni collants !

Et pourtant… Tout commence dans les Highlands, les « hautes terres », situées derrière le mur qu'Hadrien avait bâti (dès 122 apr. J.-C.) pour protéger son empire des invasions barbares. Là vivent des paysans très pauvres. Des indigents qui n'ont même pas de quoi s'offrir des vêtements cousus. Les hommes se contentent de s'entourer d'un tartan, une pièce de tissu qu'ils portent autour de la taille, retenue grâce à une ceinture, ou encore remontée sur l'épaule à la manière d'une toge. Ils s'enroulent dedans pour dormir, également. Aucune coupe : c'est juste un carré ou un rectangle de la plus grande simplicité, fait d'une laine cardée, épaisse et résistante à la pluie (jusqu'à un certain point). Les couleurs varient selon les clans.

En 1727, un maître de forge du Lancashire passe un accord avec un chef de clan pour l'exploitation de forêts dans les Highlands. Il embauche de la main-d'œuvre locale et se rend vite compte que leur habillement n'est pas du tout compatible avec la tâche demandée. Il fait alors venir un tailleur et le charge de remédier à cela le plus simplement possible. Une coupe au niveau du genou : le kilt est né.

Ce qui va le populariser, c'est… son interdiction. En 1745, c'est l'écrasement de la dernière révolte jacobite. Les révoltes jacobites (*sic*) étaient des mouvements, en Angleterre, visant à ramener les Stuart sur le trône. Tout signe extériorisant une particularité écossaise est interdit, notamment dans le domaine de l'habillement. Dès lors que le peuple ne le porte plus, les élites vont commencer à le faire comme affirmation de leur identité. Car non seulement le kilt représente l'Écosse, mais également il va à l'encontre de tous les codes vestimentaires occidentaux qui veulent que les hommes portent des pantalons.

Avec le renouveau celtique, le kilt passera ensuite les frontières : d'autres peuples l'adoptent comme signe de ralliement : Irlandais, Gallois, habitants des Cornouailles et même… Bretons.

Jusqu'à preuve du contraire…

Pourquoi…
… l'Italie joue-t-elle en bleu, alors que le drapeau italien est vert-blanc-rouge ?

Non seulement les Italiens jouent en bleu, mais en plus ils se font appeler la *Squadra Azzura*, « l'équipe bleue » alors que chacun sait que les vrais Bleus, les seuls et uniques, c'est nous !

Blague à part, la plupart des équipes à travers le monde jouent aux couleurs de leur drapeau. Comme dirait l'autre : ça fait partie de l'identité nationale.

Alors pourquoi cette exception italienne ?

Il faut remonter au début du XXe siècle, aux débuts de l'histoire des compétitions internationales de ce sport. Nous sommes le 6 janvier 1911. L'Italie reçoit la Hongrie à Milan. C'est seulement son troisième match en tant qu'équipe nationale, car les Italiens ne sont entrés dans les compétitions internationales qu'en mai 1910.

Les deux premières rencontres ont été disputées en blanc, avec des polos rappelant ceux des tennismen. Mais la Hongrie jouait elle aussi en blanc, et les Italiens durent trouver une autre couleur. Ils vont alors choisir celle de leurs monarques : la famille de Savoie. (L'Italie ne deviendra une république que trente-cinq ans plus tard, en 1946, date à laquelle elle a adopté son drapeau actuel : vert-blanc-rouge.)

Peut-être, le foot étant très conservateur, ou peut-être, plus sûrement, la réputation de la *Squadra Azzura* étant faite, les footballeurs ont décidé de garder le bleu. Ou alors pour conjurer le mauvais sort, car l'Italie ce jour-là avait perdu 1-0.

Jusqu'à preuve du contraire…

Pourquoi…
… les autruches enfouissent-elles la tête dans le sable au moindre danger ?

« Non, monsieur Sarkozy, Fabius, Bayrou, Besancenot *[rayez les mentions inutiles, N.d.A]*, non et non ! Ne faites pas la politique de l'autruche ! Ne niez pas la réalité ! Ce n'est pas en vous cachant la tête dans le sable que vous allez faire disparaître les problèmes ! »

Ah, cette politique de l'autruche ! Combien de fois n'a-t-elle pas été reprochée aux hommes politiques ? À tort. Car vous savez quoi ? Une autruche ne plante JAMAIS la tête dans le sable.

Tout ça à cause de Pline l'Ancien…

C'est en effet ce naturaliste romain du Ier siècle apr. J.-C. qui, dans sa monumentale *Histoire naturelle*, rapporte le premier cette curieuse caractéristique des autruches. Sa description sera reprise au fil des siècles par nombre d'auteurs, et pas des moindres, jusqu'à faire de l'autruche le malheureux symbole de la bêtise augmentée de la lâcheté.

Terrible injustice ! Car aucun de ceux qui ont colporté la rumeur n'est allé vérifier ni même n'a tenté de comprendre cette attitude.

Remettons les choses en ordre. L'autruche est un animal très grand, les mâles peuvent atteindre jusqu'à 2,80 m. Elle est dotée d'un long cou qui lui permet de voir ses ennemis de loin. Elle vit principalement dans des déserts, ce qui la rend vulnérable : on la voit de loin elle aussi. L'autruche, pour se cacher, a donc tendance à se plier pour se faire plus petite. Mais en aucun cas elle ne met la tête dans le sable, sinon, comme respirerait-elle ? Non, il semble bien que l'autruche, loin d'être stupide, utilise un effet visuel que tous ceux qui sont allés dans des pays chauds connaissent bien, et que l'on peut même observer sous nos latitudes en plein été. Avec la chaleur, en effet, il se forme des mirages. Ce sont des phénomènes de réflexion de la lumière qui, de loin, donnent l'impression qu'il y a de grandes flaques d'eau. Et ces mirages masquent ce qui se trouve en dessous. Ainsi, l'autruche, qui vit dans un désert, a fini par « remarquer » qu'en s'aplatissant, elle se dérobait aux yeux de ses prédateurs.

Mais pourquoi et comment Pline s'est-il fourvoyé à ce point ? On l'ignore. Ses « recopieurs » n'ont rien vérifié pour les autruches : ils n'allaient pas enquêter sur Pline lui-même.

Jusqu'à preuve du contraire…

Pourquoi…
… les enfants peuvent-ils tomber sans se faire mal, et pas les adultes ?

C'est une scène marquante du film *L'Argent de poche* de François Truffaut : Grégory, trois ans, tombe par la fenêtre et se relève sans rien de cassé, en disant simplement « Grégory a fait boum »…

C'est radical, mais symptomatique de ce que l'on observe tous les jours dans une cour de récré : les bambins prennent gamelle sur gamelle sans se faire—vraiment—mal. Alors que les adultes, souvent, se cassent un os à la première chute.

Pour quelle raison ? Parce que les enfants tombent de moins haut ? Non : de leur hauteur, comme nous. Parce qu'ils sont moins lourds ? Non plus.

C'est parce qu'ils ne sont pas terminés.

Les os des enfants sont moins rigides que ceux des adultes. Leurs cartilages ne sont pas encore très développés. Et surtout, plus les enfants sont jeunes, plus leurs os sont nombreux. À la naissance, un bébé en a trois cent cinquante, et il n'en restera que deux cent six à l'âge adulte. Certains os sont en plusieurs parties et se soudent peu à peu. Conséquence : plus les enfants sont jeunes, plus ils sont souples. Quand ils chutent, le choc est absorbé par cette souplesse.

Et c'est justement à l'âge où l'on apprend à marcher ! Le monde est bien fait.

Jusqu'à preuve du contraire…

Pourquoi…
… mange-t-on de la bûche à Noël ?

L'air de rien, voilà une tradition qui est ancrée dans les peurs ancestrales de l'humanité. Pas celle de mourir de faim. Celle de ne jamais voir revenir la lumière. La bûche de Noël, en effet, a d'abord été une vraie bûche de bois, sans nains dessus. (Normal : essayez donc de faire tenir un nain en plastoque sur une bûche en chêne…)

Il faut remonter aux Celtes pour avoir les premiers exemples de feux rituels au moment du solstice d'hiver, quand les jours sont si courts qu'on a l'impression que le printemps ne reviendra jamais. Le feu est alors une façon de conjurer la peur, de briser les ténèbres. À l'ère chrétienne, cette tradition a, comme beaucoup d'autres, été intégrée aux traditions religieuses. C'est ainsi que Noël est le 25 décembre, quatre jours après le solstice.

La bûche revêtait une importance particulière dans quasiment toutes les provinces de France. Elle était la plus grosse possible, afin que son feu dure longtemps. Les cendres elles-mêmes étaient pieusement conservées, parées de vertus fertilisantes pour les champs ou curatives pour les hommes. En Provence, on l'arrosait de vin et d'huile, afin qu'elle apporte l'abondance. En Champagne et en Berry, on s'approchait plus de notre bûche gastronomique : les mamans l'entouraient de friandises.

L'époque moderne a vu les cheminées disparaître peu à peu, au profit du poêle à mazout et du chauffage central. Mais la bûche est restée, remplacée par un fac-similé comestible. Au moment du dessert. Ça change de la dinde aux marrons.

Jusqu'à preuve du contraire…

Pourquoi…
… la cuisson à la Cocotte-Minute est-elle plus rapide que la cuisson traditionnelle ?

C'est écrit en toutes lettres sur la recette. Cuisson des carottes : une demi-heure dans l'eau bouillante, 14 minutes à la Cocotte. Pourquoi cette différence ?

L'effet « Cocotte-Minute », tout le monde le sait, c'est la pression. C'est même passé dans le langage courant. Zinédine Zidane l'avait bien dit : « Avant le match, on sent monter la pression. »

Oublions la finale, voyons la physique des molécules. Lorsqu'on fait cuire ses carottes dans une casserole, on porte l'eau à ébullition afin qu'elle transmette sa chaleur au végétal, à 100 degrés (le raisonnement reste valable pour des artichauts ou des pommes de terre). Une fois que ça bout, inutile d'augmenter la flamme sous votre casserole pour accélérer le processus : l'eau s'évapore plus vite, mais vos patates restent à 100 °C.

Or cette valeur n'est obtenue que dans ce que les physiciens appellent les CNTP : les conditions normales de température et de pression. Car le point d'ébullition augmente avec la pression.

Prenons maintenant une Cocotte-Minute, récipient fermé hermétiquement. En devenant vapeur, l'eau fait monter la pression, jusqu'aux alentours de 2 000 hPa, ou hectopascals (la pression atmosphérique standard est de 1 013 hPa). Dans ces conditions, la température d'ébullition passe à 120 °C. Les carottes, plus chaudes, cuisent plus vite. CQFD.

La pression pourrait grimper encore davantage, mais la soupape de sécurité l'empêche de dépasser une valeur critique, et évite l'explosion. Ce qui nous conduirait à cette autre expression populaire : les carottes sont cuites.

Jusqu'à preuve du contraire…

Pourquoi…
… coupe-t-on la queue et les oreilles de certains chiens ?

Ça rigole pas chez les bêtes à concours ! Le doberman, le boxer, le cocker, le briard, le bouvier des Flandres ou le beauceron : y a intérêt qu'ils aient la queue et les oreilles avec la coupe réglementaire, sinon, c'est l'insulte suprême, dans les chenils comme en banlieue : bâtard…

Ce qui apparaît aujourd'hui comme un signe de haute distinction réservé aux chiens de race était à l'origine purement utilitaire.

Car les chiens, avant de devenir les meilleurs amis de l'homme, ont d'abord dû faire leurs preuves. Pas question de nourrir des bouches inutiles ! Ils ont été utilisés pour la chasse mais aussi comme gardiens de troupeau ou encore comme animaux de défense, puis d'attaque. Pour la chasse, la queue était souvent un handicap : elle pouvait se prendre dans les broussailles pendant une course, ou être mordue. On a même vu des chiens de meute attraper la queue de celui qui les précédait, persuadés d'avoir saisi le gibier… Pour les chiens de combat, les oreilles étaient trop vulnérables.

Chaque race étant spécialisée dans une tâche, on a pris l'habitude, selon les cas, de couper les oreilles et/ou la queue pour aider la bête. C'est devenu au fil du temps une caractéristique des races en question à laquelle éleveurs et maîtres accordent une grande valeur.

Ajoutons que dans certains pays, en premier lieu en Angleterre, a existé un impôt sur les chiens « d'ornement » ; une taxe dont étaient exemptés les chiens « de travail », que l'on reconnaissait à leur queue ou à leurs oreilles coupées.

Les mentalités—et la fiscalité—ont évolué. En 2004, la France, comme la plupart de ses voisins européens, a décidé d'interdire la coupe des oreilles, jugée cruelle, car les oreilles sont évidemment une protection de l'ouïe. Pour la queue, le débat fait rage. Beaucoup d'éleveurs restent attachés à l'image « traditionnelle » des races concernées. Coupée ou non ? Rien n'est encore tranché.

Jusqu'à preuve du contraire…

Pourquoi…
… s'étire-t-on ?

Dieu qu'il est jouissif de faire le chat, de tendre ses membres dans tous les sens ! À propos de membres, cette activité a suscité des ribambelles de groupes de fans sur Facebook. À chacun sa préférence : « s'étirer », « s'étirer au lit », « s'étirer le matin », « s'étirer en bâillant et en se réveillant », « s'étirer sur sa chaise en cours », et même « s'étirer en poussant des cris d'animaux » !

Mais pourquoi est-ce si agréable ? Parce que la pesanteur a tendance à nous tasser ? Aucun rapport. C'est souvent en position horizontale que c'est le meilleur.

Contrairement aux apparences, l'étirement ne concerne pas les articulations, mais les muscles. C'est plutôt une question d'échauffement. Généralement, on s'étire après une longue période d'immobilité, le moment privilégié étant le réveil. Instinctivement, on contracte et décontracte les muscles afin de doucement les mettre en mouvement, sans heurts, et de pouvoir attaquer la journée du bon pied.

L'envie, le besoin d'étirement arrivent également après le sport ; les joggeurs le savent bien. L'effort génère une tension des fibres musculaires, ce qui a tendance à mettre les muscles « en boule ». Les étirements atténuent ces tensions et évitent que les tendons n'en pâtissent.

Ça me rappelle cette vieille histoire du type qui va au cirque et qui est fasciné par le numéro du nain trapéziste. Au point qu'à la fin du spectacle, il demande à ce qu'on lui indique sa roulotte pour aller le féliciter. La porte est ouverte. Il entre. Et il tombe nez à nez avec… un géant. Il lui demande : « Où se trouve la loge du nain acrobate ?

— C'est ici !

— Où est-il ?

— C'est moi. Mais après le spectacle, je me détends. »

Jusqu'à preuve du contraire…

Pourquoi…
… a-t-on donné aux tirelires une forme de cochon ?

C'est vrai, tiens ! Pourquoi pas un écureuil, comme à la Caisse d'Épargne ? Pourquoi pas un chameau, symbole d'économie ? Pourquoi pas une pie, qui convoite l'or et l'argent ? Vous ne savez pas ? Comme Maître Capello, je mets cent francs dans le nourrain. Et j'explique. En deux temps.

D'abord le parallèle avec le cochon vivant : le fermier le nourrit, l'engraisse petit à petit, jusqu'au moment où, en le tuant, il récupère son argent. Voire davantage. (C'est là l'origine du mot nourrain : du latin *nutrimen*, « nourriture », jeune porc au début de la période d'engraissement.)

Mais la clef du mystère est surtout linguistique. Les petits cochons en forme de tirelire sont une invention anglaise. On les appelle des *« piggy-bank »*. Auparavant, on cachait ses économies dans des jarres en argile, dont le nom était *« pugg »* ou *« pyg »*, homonymes de *pig*, « cochon » en anglais. Dès le XVIIIe siècle, ces jarres ont été manufacturées en forme de cochon, comme pour associer la phonétique du nom avec l'aspect visuel. Un peu comme si le renne était l'emblème de la ville de Rennes.

Je n'ose imaginer les armoiries de Montcuq, magnifique village du Lot.

Jusqu'à preuve du contraire…

Pourquoi…
… lorsqu'on regarde certains portraits, a-t-on l'impression d'être suivi du regard ?

Ça m'a fasciné l'autre matin au Louvre. *La Joconde* me regardait, avec son énigmatique sourire. Énigmatique parce qu'au même moment, elle regardait dans les yeux un car entier de Chinois. Et s'il n'y avait que Mona Lisa… À la cafétéria, j'ai été saisi du même vertige avec une photo de Véronique Jeannot. C'est moi qu'elle regardait dans la publicité pour le jambon Madrange !

Que ce soit en peinture ou en photographie, les portraits fixent toujours le spectateur sans ciller et semblent le suivre du regard quand il se déplace. Pareil au JT de 20 heures. Les sondages et les archives des consultations psychiatriques l'attestent : bon nombre de téléspectateurs sont persuadés que les présentateurs s'adressent directement à eux, les yeux dans les yeux. D'où provient cette illusion ?

Du spectateur lui-même. Cette impression est construite par le cerveau. Car la toile (ou la photo, ou l'écran) est une surface plane en deux dimensions seulement. Et le cerveau rétablit instinctivement la dimension manquante, celle du relief, la troisième. Quand on voit l'iris bien rond dans l'axe de l'orbite oculaire, on « sait » que la personne a ses yeux braqués vers nous. En 3D (le réel), comme en 2D (sa représentation). D'où cette impression d'être suivi du regard, où qu'on se trouve.

Jusqu'à preuve du contraire…

Pourquoi…
… les pièces de théâtre sont-elles divisées en actes ?

« J'ai souffert souvent, je me suis trompé quelquefois, mais j'ai aimé. C'est moi qui ai vécu, et non pas un être factice créé par mon orgueil et mon ennui. »

On ne badine pas avec l'amour, acte II, scène 5.

« Sans la liberté de blâmer, il n'est point d'éloge flatteur. »

Le Mariage de Figaro, acte V, scène 3.

« Pour qui sont ces serpents qui sifflent sur vos têtes ? »

Andromaque, acte V, scène 5.

Pourquoi Musset, Beaumarchais ou Racine, chacun dans son siècle, ont-ils écrit leurs chefs-d'œuvre suivant la même structure : des pièces découpées en actes, avec le rideau qui descend puis qui remonte pour le suivant ? Comme si tous les peintres devaient utiliser le même format de toile, ou tous les romanciers le même nombre de chapitres. Pfff !

La division des pièces en actes trouve sa lointaine origine dans le théâtre grec, qui avait établi différentes parties. Ces périodes—*protase*, *épitase*, *catastase* et *catastrophe*—étaient invariablement jouées à la suite, mais sans interruption. Le théâtre classique a repris ce principe de séquences. Pour des raisons non plus artistiques, mais techniques. Les œuvres ne se donnaient plus en plein air, mais en intérieur ; elles nécessitaient donc de l'éclairage. Or la durée de vie des bougies qui éclairaient la scène était d'une vingtaine de minutes. D'où la codification rigoureuse des actes, sous peine de finir dans le noir. Certains dramaturges français pousseront cette règle à son comble. Corneille alla jusqu'à s'interdire d'écrire des actes de longueurs différentes, ne serait-ce que de deux vers !

Le XIXe siècle voit l'apparition de l'éclairage au gaz. Les bougies s'éteignent ici et là. En 1829, à Paris, la rue de la Paix est la première à être éclairée au gaz. Le théâtre romantique s'affranchit des règles anciennes, comme celle de la division en actes. En 1830, Victor Hugo est conspué pour les libertés prises dans *Hernani*.

Les actes ne disparaîtront pas pour autant. On les retrouve dans les œuvres du XXe siècle. Ils n'ont plus leur fonction première (remplacement des bougies), mais permettent les ellipses temporelles. Comme chez Strindberg, dans *Mademoiselle Julie*. Pendant l'entracte, les deux personnages ont couché ensemble. Ce qui change la face de leur monde.

Jusqu'à preuve du contraire…

Pourquoi…
… les gâteaux gonflent-ils quand on les cuit ?

Vous allez me dire : c'est le principe même de la cuisson. Ah bon ? Et les pommes au four, elles se ratatinent pas peut-être ? Et le foie de veau—il y a même une expression pour ça—qui réduit à la cuisson ?

Pourquoi est-ce l'effet inverse pour les pâtisseries ?

À cause de l'air. Nous savons que les gaz se dilatent avec la chaleur. D'où la bouée qui explose parfois au soleil lors des grosses journées d'été. La pâtisserie n'échappe pas à ce principe. Les gâteaux gonflent parce que la pâte renferme de l'air qui se dilate à la cuisson. Mais comment cet air reste-t-il dans la préparation ? Le plus souvent parce que les bulles sont prisonnières d'un ingrédient. Les blancs d'œufs battus en neige, par exemple, ont cette fonction de piège à air. Une technique inverse consiste à utiliser un élément qui va *dégager* du gaz à la cuisson, comme la levure.

Oui, mais pourquoi les gâteaux ne dégonflent-ils pas en refroidissant, alors ? Tout simplement parce que la structure, en cuisant, s'est solidifiée, ce qui a piégé les bulles d'air. Reste qu'on n'est pas à l'abri d'un effondrement, quand la structure est trop légère, comme dans le cas des soufflés.

Psschhittt…

Jusqu'à preuve du contraire…

Pourquoi…
… certains chiens courent-ils après leur queue ?

Parce que ça les amuse ?

Parce qu'ils ont envie de se donner en spectacle ?

Parce qu'ils ont remarqué que ça faisait rire les petits enfants ?

Rien de tout ça. Parce qu'ils s'ennuient à mourir… Si ! Ça peut paraître absurde, énoncé ainsi, et pourtant, c'est le diagnostic sur lequel s'accordent les vétérinaires comportementalistes.

Courir après sa queue : on observe ce comportement chez des animaux enfermés, qui n'ont aucune distraction. Par exemple lorsqu'ils passent leurs journées coincés dans un appartement ou dans un chenil.

On a la fausse impression que c'est un jeu pour chiots, mais la raison pour laquelle les animaux plus âgés ne le font plus est qu'ils ont fini par se résigner à la monotonie de leur existence.

Si votre chien se comporte ainsi, contactez un spécialiste.

Si c'est votre mari, à plus forte raison.

Jusqu'à preuve du contraire…

Pourquoi…
… les poissons rouges tournent-ils en rond dans leur bocal ?

Vous allez me dire qu'ils n'ont pas le choix. Alors précisons la question : pourquoi les poissons rouges tournent-ils en rond sans s'ennuyer ? Car la science peut affirmer avec certitude qu'ils ne s'ennuient pas dans leur cercle de vie à condition qu'il ait une taille suffisante et une eau bien renouvelée : ils ne perdent pas de poids, ils ne stressent pas, ils ne se laissent pas dépérir, contrairement à beaucoup d'animaux en captivité : les tigres ou les singes du zoo, qui tournent en rond avec l'air de s'em… comme des lions en cage.

Bref, le poisson tournicote sans lassitude. Pourtant, il voit toujours le même décor et accumule des journées d'une infinie monotonie.

Oui mais voilà, contrairement aux chiens de la page précédente, il n'a pas de mémoire. Chaque coup de nageoire, ou presque, est inédit pour lui. Le cerveau du poisson rouge est un système nerveux à peine amélioré, ce qui lui évite de mémoriser les dix mille tours qu'il a déjà effectués depuis le matin ; et donc de s'en désoler.

Dans *Les Nourritures terrestres,* Gide s'enflammait : *« Que ta vision du monde soit à chaque instant nouvelle ! Le sage est celui qui s'étonne de tout. »*

Le poisson rouge est un sage.

Jusqu'à preuve du contraire…

Pourquoi…
… les petits rats de l'Opéra sont-ils des « petits rats » ?

Les « petits rats » sont les élèves de l'école de danse de l'Opéra, et la moitié sont des filles. Pourquoi cette appellation antinomique ?

Alors que l'Opéra abrite l'élégance, la légèreté, la féminité, le tutu rose et les ballerines assorties, le rat évoque la noirceur, la fange, les égouts, l'avarice, le cynisme, en un mot la peste.

On trouve la première trace de cette expression au XIXe siècle, sous la plume de Nestor Roqueplan, un journaliste pétri de sens de l'humour. L'usage vient, selon lui, de ce que les petits danseurs—et danseuses—adoptaient des comportements faisant penser à un groupe de jeunes rongeurs.

À la naissance de ce terme, l'Opéra Garnier n'existait pas encore, les représentations avaient lieu dans différents théâtres parisiens. On pouvait voir dans les couloirs de ces lieux des enfants de moins de quatorze ans, souvent petits et maigrichons, courir à droite et à gauche pour grappiller de la nourriture. C'était un temps où l'on ne portait pas une grande attention aux enfants. Ils avaient l'habitude de rester en groupe, pour faire corps… d'où l'analogie avec les petits rats.

Nestor Roqueplan les décrit ainsi dans son ouvrage, *Les Coulisses de l'Opéra* (1856) : « *Le rat est élève de l'école de danse, et c'est peut-être parce qu'il est enfant de la maison, parce qu'il y vit, qu'il y grignote, y jabote, y clapote. Parce qu'il ronge et égratigne les décorations, éraille et troue les costumes, cause une foule de dommages inconnus et commet une foule d'actions malfaisantes occultes et nocturnes qu'il a reçu ce nom passablement incroyable de rat.* »

Les rats n'ont pas quitté le navire, mais l'école de danse de l'Opéra se situe maintenant à Nanterre, et non plus dans les murs de l'Opéra Garnier.

Tout se perd, ma bonne dame, tout se perd.

Jusqu'à preuve du contraire…

Pourquoi…
… met-on des boules au sapin de Noël ?

Les guirlandes, c'est pour faire joli. L'étoile au sommet, c'est pour faire très très joli. Les cadeaux, c'est pour faire plaisir. Mais les boules, à quoi ça sert, les boules ?

Avant la conversion de l'Europe au christianisme, et donc à la fête de Noël, d'innombrables traditions existaient pour célébrer la nouvelle année, qui furent reprises par la nouvelle religion afin de plaire aux fidèles. L'origine de l'arbre de Noël vient de l'est de ce qui n'était pas encore la France, disons la Lorraine et l'Alsace. On accrocha ensuite des fruits en guise de présents.

C'est au XIXe siècle que la coutume évolua. En 1858, une sécheresse terrible mit à mal la récolte des fruits, notamment celle des pommes, les plus utilisées pour décorer les sapins. Un souffleur de verre de Goetzenbruck, en Moselle, eut alors l'idée de fabriquer des boules de verre pour les remplacer. L'habitude fut vite prise. D'autant plus facilement que l'année suivante, bonne ou mauvaise récolte, on avait encore les boules.

Jusqu'à preuve du contraire…

Pourquoi…
… ne parvient-on jamais à enlever le plastique autour des CD ?

« Le type qui a inventé l'espèce de fil rouge autour des portions, on peut pas le tuer, quand même : c'est pas possible qu'il l'ait fait exprès ! » Bien avant l'arrivée du CD, le regretté Pierre Desproges pestait déjà contre les emballages de Vache qui Rit, impossibles à enlever. Furieux, mais pédagogue, Desproges avançait une explication à la perversité de l'inventeur, une aliénation mentale héréditaire : *« Peut-être que son père, c'est le type qui a inventé l'espèce de papier collant autour des petits-suisses ? Peut-être que son grand-père, c'est le fumier qui a inventé la clef qui casse le bout des petites languettes des couvercles de sardines, en complicité avec le pourri qui met de l'huile jusqu'à ras bord des boîtes ? »*

Et le CD, c'est encore pire ! Le plastique est tellement bien serti que les ongles ne parviennent pas à trouver une aspérité, le filin prévu pour rendre l'ouverture facile est impossible à attraper (quand on parvient à le trouver, parce qu'en plus ils l'ont fait transparent). Du coup, on finit par se planter les ciseaux dans la main en essayant de percer une brèche dans ce £$ *µ !!! emballage !

Pourquoi est-ce si mal foutu ? En fait, c'est volontairement vicieux. Un emballage difficile à ouvrir évite tout d'abord qu'on le retire dans le magasin pour voler le disque en se débarrassant de la pastille de sécurité. Compréhensible pour un DVD ou pour un iPod, mais quand il s'agit d'une brosse à dents à 2 €, comment justifier d'avoir à sortir le sécateur pour en venir à bout ?

Permettez-moi de vous annoncer un moment de tendresse dans ce monde de brutes : « le syndrome de l'huître ». C'est le nom trouvé par les spécialistes du design à ce phénomène contradictoire : on perd du temps, on râle, on se coupe le doigt, mais quand finalement on vient à bout de l'emballage, la satisfaction est intense. Il y a une jouissance pour l'acheteur, le premier à toucher cet objet tant convoité. Comme dans une huître la perle ! S'y ajoute un relent de morale rigoriste : plus on attend, plus c'est bon.

Voyons cette morale sous un autre angle : des types sont payés pour inventer des objets qui nous posent des problèmes. Et payés par nous.

Jusqu'à preuve du contraire…

Pourquoi…
… apporte-t-on des oranges aux prisonniers ?

Il faut tout de suite préciser qu'on n'apporte plus d'oranges aux prisonniers que dans l'expression consacrée. Les règles de dépôt de colis sont extrêmement strictes en prison, et les marchandises prohibées, nombreuses (en théorie du moins). Les prisonniers ont actuellement droit à un colis de 5 kg à Noël. Les produits frais sont notamment prohibés. Donc pas de fruits. L'orange reste néanmoins le symbole du cadeau dans des circonstances dont on se passerait bien.

La première explication tombe sous le sens. L'orange contient beaucoup de vitamines, qui permettent notamment de lutter contre le scorbut. On en donnait déjà aux bagnards en partance pour Cayenne. Autre qualité importante, elle se garde longtemps. Pourquoi des oranges et pas des pommes, sinon des prunes ou des pruneaux ?

C'est là que les mots entrent en jeu. L'explication la plus ancienne remonte à Guillaume de Gellone, futur Guillaume d'Orange (755-812). Une chanson de geste qui lui est consacrée raconte notamment ses amours avec Onable, la reine de la cité d'Orange. Pour revoir sa belle, Guillaume se constitue prisonnier, et Onable lui fait don de sa cité. Autrement dit : elle donne Orange à son prisonnier…

L'expression est peu à peu passée dans le langage courant. Témoin, cette chanson du XIXe siècle qui relate une autre anecdote. À l'époque, les prisonniers pouvaient se faire porter des repas comme ils le désiraient en prison : il n'est donc pas invraisemblable qu'ils aient eu des oranges. En 1872, une jeune femme du nom de Sarah Brown fut accusée de conduite indécente, au bal des Beaux-Arts, par le sénateur Béranger, le fameux et terrible « Père la pudeur ». Pour sa défense, le chansonnier Raoul Ponchon écrit une ode qui comporte ces deux vers :

Si l'on t'emprisonne pauvre ange,
Le dimanche j'irai t'apporter des oranges…

On s'abstiendra de tout commentaire sur le bracelet électronique.

Jusqu'à preuve du contraire…

Pourquoi…
… y a-t-il tant de différence entre le nombre de manifestants selon la police et selon les organisateurs ?

Le groupe satirique Jalons en avait fait la savoureuse démonstration lors du glacial hiver 1984. Pour protester contre les températures polaires, ils avaient organisé une manifestation au métro Glacière, avec ce slogan : « Froid assassin ! Mitterrand complice ! » Ils avaient ensuite dressé le bilan de l'événement dans leur revue : *« De 50 à 60 000 participants : 60 000 selon les organisateurs, 50 selon la police. »*

Le nombre de manifestants est un éternel sujet de discussion, et de dissension, entre la police et les organisateurs. C'est même une spécialité française. On a pris l'habitude de faire une moyenne entre les deux chiffres pour se faire une idée de la réalité. Mais d'abord, la police n'a-t-elle pas d'outils efficaces pour compter ?

En réalité, elle a tout ce qu'il faut… Plusieurs techniques existent : compter les rangs de manifestants, estimer la surface occupée par la foule et pondérer par sa densité, obtenir une photo aérienne indiscutable, et même la publier. Mais le fait est que la police—qui reçoit ses ordres du sommet de l'État—n'a souvent aucun intérêt à donner des chiffres réels. Donc, elle tend à les minimiser.

De leur côté, les organisateurs n'ont pas autant de moyens (pas de prises de vue aériennes, par exemple). L'estimation qu'ils donnent est donc toujours approximative et, sachant que la police va sous-estimer le nombre de participants, ils ont tout intérêt à gonfler leur chiffre pour faire bonne mesure. C'est ainsi que les écarts prêtent à sourire…

Le seul cas où les deux valeurs pourraient se rejoindre, c'est dans le cas d'une manifestation de policiers. Attendez la prochaine. Vous constaterez que même là, les deux chiffres sont différents !

Jusqu'à preuve du contraire…

Pourquoi…
… les entrées des palais de Venise sont-elles peintes de faux marbre ?

Venise éternelle, cité des amoureux, fastueux écrin de l'élégance. Ce ne sont que vases de cristal, chandeliers d'argent, et… faux marbre. Pour quelle raison ? Pourquoi pas du vrai ?

Venise l'opulente, la marchande, les clichés ne manquent pas. La Venise qui s'enfonce dans les eaux en est un aussi. Hélas ! les clichés reflètent souvent la réalité, et les techniques de construction de la cité des Doges rendent ses édifices fragiles. Leurs architectes le savaient, qui ont choisi dès le XIIIe siècle d'alléger au maximum les palais pour assurer leur pérennité. Car les constructions vénitiennes reposent sur des pieux de bois enfoncés dans la lagune. Ces fondations, très fragiles, sont surmontées de portiques sur lesquels sont élevés les murs des demeures.

Les bâtisseurs vénitiens étaient souvent de riches marchands, des commerçants ambitieux qui voulaient impressionner leurs visiteurs par leur puissance. À défaut de pouvoir couvrir leurs entrées de marbre comme il était d'usage dans les riches cités de la péninsule (Rome, Gênes, Florence, etc.), ils optèrent pour des trompe-l'œil du plus bel effet, avec des artistes spécialisés dans cet exercice.

Pour la même raison, les murs, plutôt qu'en pierre, étaient faits en brique. Bâtis pour durer, quoi.

Jusqu'à preuve du contraire…

Pourquoi…
… les poissons morts ne coulent-ils pas ?

Quel choc de retrouver Nemo, au petit matin, le ventre en l'air à la surface de l'aquarium ! Mais pourquoi ne repose-t-il pas sur le fond, tout simplement, comme s'il était endormi[1] ?…

La raison en est simple. Tout corps, lorsque la vie l'a quitté, entame un processus de pourrissement. Or cette corruption des chairs s'accompagne de la production de gaz. Et ces gaz, plus légers que l'eau, font remonter les corps à la surface. Beaucoup de poissons possèdent dans l'abdomen une poche appelée « vessie natatoire », qui leur permet d'ajuster leur ligne de flottaison. C'est cette poche qui se remplit de gaz, ce qui explique que le ventre remonte le premier.

Tous ceux qui ont eu l'occasion de se débarrasser d'un cadavre en coulant ses pieds dans le béton savent combien le gaz est ennemi de la discrétion.

Mais au fait, pourquoi voit-on si rarement des poissons morts à la surface des mers et des rivières ? Car les cada-

---

1. Voir, à ce sujet, « Pourquoi ne voit-on jamais les poissons dormir ? », p. 57.

vres sont aussitôt dévorés par leurs prédateurs, qu'ils soient poissons ou oiseaux. Heureusement, car sinon la surface des océans ne serait qu'un cimetière flottant (songez aux milliards d'individus qui batifolent en dessous).

Jusqu'à preuve du contraire...

Pourquoi…
… n'y a-t-il pas de prix Nobel de mathématiques ?

Alfred Nobel, l'inventeur de la dynamite, a, comme chacun sait, légué sa colossale fortune afin que des prix soient décernés tous les ans en son nom à des personnes ayant rendu de grands services à l'humanité.

Depuis 1901, les lauréats des prix de physique et de chimie sont choisis par l'Académie royale des sciences de Suède, celui du prix de physiologie ou de médecine par l'Institut Karolinska, celui du prix de littérature par l'Académie suédoise et celui du prix de la paix par le Parlement norvégien. Depuis 1968, la Banque de Suède donne un prix d'économie « en souvenir de Nobel ».

Mais, depuis les toutes premières cérémonies, une question lancinante se pose : pourquoi pas de prix Nobel de maths ?

Différentes thèses s'affrontent, Nobel ne s'étant jamais expliqué à ce sujet. La plus répandue veut que le pauvre Alfred ait été cocufié par un mathématicien, un certain Mittag-Leffler, et ait voulu éviter qu'il ne reçoive ce prix un jour. On peut dire que l'explication n'est pas là : cet homme n'aurait jamais croisé Alfred Nobel, et ce dernier, en outre, n'était pas marié, mais avait pour maîtresse une femme de vingt ans plus jeune que lui.

Il est beaucoup plus vraisemblable que l'inventeur de la dynamite ait voulu récompenser des disciplines concrètes. À ses yeux, les mathématiques ne pouvaient avoir d'application dans la vie quotidienne. D'autant qu'un prix de mathématiques très prestigieux existait déjà du vivant de Nobel, remis par le roi de Suède.

Jusqu'à preuve du contraire…

Pourquoi…
… les « Que sais-je ? » ont-ils 128 pages ?

Comment ça, je sais pas ? Tout le monde sait ce qu'est un *Que-sais-je ?* ! Des livres qui parlent de tout, pour tous. Les trois premiers ouvrages ont été *Histoire de la biologie, De l'atome à l'étoile*, et—quel joli titre !—*Les Certitudes du hasard*.

Comme l'a recensé Bernard Chapuis : les titres de l'encyclopédie en neuf couleurs servent à la fois l'appétit des chercheurs et la soif des étudiants, mais aussi la curiosité des intéressés eux-mêmes, à savoir les Technocrates (n° 881), les Académiciens (n° 2322), les Acteurs (n° 2177), les Allergiques (n° 1201), les Bourgeois (n° 269), les Gendarmes (n° 2143), les Obèses (n° 994), et même les Fous (n° 1761) !

La collection « Que sais-je ? » a été créée en 1941 pour répondre à une demande : une encyclopédie populaire, accessible financièrement. Il s'agit donc de publier des ouvrages de spécialistes à un prix raisonnable. Or une partie du coût de fabrication d'un livre est liée à la complexité de l'impression. Or 128 est un multiple de 2 (2^7). Il suffit de plier une feuille six fois de suite pour obtenir 128 pages. Pourquoi pas sept fois ? Parce qu'une feuille a déjà deux côtés…

Au format 11 x 18 cm, ces 128 pages tiennent précisément dans une feuille de 1,20 sur 1,60 m. On imprime 64 pages par face. Cette « imposition », comme les imprimeurs appellent la répartition des pages sur une seule feuille, permet de ne pas perdre de papier. Le livre, en outre, est imprimé en une seule « tournée ». Les couvertures sont également standardisées, donc économiques : l'épaisseur du dos est toujours la même, puisque le nombre de pages ne varie pas.

La boussole en couverture est toujours là. Les caractères n'ont pas non plus changé en plus d'un demi-siècle ; 160 millions d'exemplaires ont été vendus, en 46 langues. À l'heure où je vous parle, la collection comporte 3 878 titres. Le forcené qui aurait lu les 128 pages de ces 3 884 *Que sais-je ?* jusqu'au dernier publié (soit 497 152 pages !) ne serait pas loin de connaître son titre : *Les États limites.*

Jusqu'à preuve du contraire…

Pourquoi…
… les papillons de nuit tournent-ils autour des lampes ?

Les papillons de nuit ne sont pas si différents de leurs confrères de jour : tous sont attirés par la lumière. C'est une question d'instinct. La lumière donne en effet à tous les êtres vivants, ainsi qu'aux plantes, des informations : son intensité permet de déterminer l'époque de l'année et déclenche, par exemple, la montée de sève, ou encore le réveil des animaux qui hibernent. Elle permet aussi de se situer dans le temps —heure de la journée, époque de l'année. On conseille justement aux grands voyageurs de se mettre au soleil pour aider leur corps à se remettre du décalage horaire.

Bref, les papillons de nuit tirent des indications de la lumière.

Ils utilisent en particulier la lune pour se diriger. Cette source lumineuse leur permet de voler de manière assez rectiligne : il leur suffit de maintenir un angle fixe par rapport à elle. Leur situation se complique lorsqu'une lampe se trouve dans leur champ de vision. Car elle devient leur repère. Mais, pour garder un angle constant alors qu'elle est si proche, ils doivent voler en rond autour…

Les papillons de nuit ne sont donc pas vraiment attirés par la lumière, mais plutôt pris au piège par elle.

Jusqu'à preuve du contraire…

Pourquoi…
… 666 est-il désigné comme le chiffre du diable ?

C'est plus qu'un nombre, c'est pour certains une certitude. Au point qu'aux États-Unis, ces trois chiffres 666 inscrits sur un CD peuvent suffire à le faire interdire à la vente par certaines chaînes de supermarchés.

Pour comprendre, il faut remonter à la source : la Bible. Précisément à l'Apocalypse, attribuée à Jean, un texte connu dès le IIe siècle. Chapitre 13, verset 18 : « *Que celui qui a de l'intelligence calcule le nombre de la bête. Car c'est un nombre d'homme, et son nombre est six cent soixante-six.* »

Ce que ne précise pas la Bible, c'est que ce chiffre est la somme des valeurs numériques liées aux lettres. Selon la tradition de la Kabbale, en effet, les lettres de l'alphabet hébraïque contiennent une puissance créatrice. Ainsi le nom d'une chose serait son essence même.

Dans son ouvrage *Le Diable* [1], Jacques Duquesne détaille : « *Le monde maléfique est représenté par un dragon et deux Bêtes. Ces deux Bêtes ont excité bien des imaginations. La première surtout, un monstre à dix cornes et sept têtes (lesquelles correspondent, semble-t-il, aux sept collines*

1. Publié chez Plon.

de Rome, qui persécute alors les chrétiens). […] La seconde est plus trompeuse. Il s'agit d'un faux prophète. C'est en vérité du culte de l'empereur romain qu'il s'agit. Le chiffre de cette Bête, indique l'auteur, est 666. »

Jésus et ses apôtres parlaient en araméen, mais l'Apocalypse est rédigée en grec commun, avec des formes syntaxiques empruntées à l'hébreu. Duquesne avance : « La valeur numérique est attribuée à chaque lettre en grec comme en hébreu : le chiffre d'un nom est le total de ses lettres—666 signifierait ainsi, en hébreu, César-Néron, et en grec César-Dieu. »

Un peu comme les vieux inspecteurs de la PJ du Quai des Orfèvres, qui scandaient 22 pour prévenir de l'arrivée du chef. Pourquoi 22 ? Pourquoi pas 15 ou 118 218 ? Car ils avaient codé les mots à l'aide de lettres : A = 1, B = 2, C = 3, D = 4, et ainsi de suite jusqu'à Z. C.H.E.F donne donc C = 3, H = 8, E = 5, F = 6. Faites l'addition : 22.

— Attention ! il arrive !

— Le diable ?

— Non, le chef !

Jusqu'à preuve du contraire…

Pourquoi…
… les Suisses parlent-ils lentement ?

Y a pas le feu au lac…

Et pourtant, il faut bien répondre à la question. Nous abordons là un sujet hautement sensible, sur lequel de nombreuses études ont été menées. Sans blague.

Une chercheuse, Brigitte Zellner, a publié en 1998 un article intitulé « Caractérisation du débit de parole en français » dans les *Actes des XXIIe journées d'étude sur la parole*, à Martigny, en Suisse. Elle a déterminé, grâce à la comparaison systématique de cinquante phrases lues dans deux débits, que *« le ralentissement peut s'obtenir, par ordre d'importance, par l'allongement des segments, par la production d'un plus grand nombre de syllabes et par l'insertion de pauses »*.

Voilà peut-être un début de réponse. Tout le monde a en tête l'accent chantant des Suisses, qui insiste sur certaines syllabes. Il n'est pas sans lien, d'ailleurs, avec l'accent savoyard.

Mais les savants ne se sont pas arrêtés là : une étude décisive a été menée en 2008, intitulée : *« Les Vaudois parlent-ils réellement plus lentement que les Parisiens ? Un début de réponse »*, par Sandra Schwab, Isabelle Racine et Jean-Philippe Goldman, dans le cadre du laboratoire d'analyse et de traitement du langage de l'université de Genève. Leurs conclusions sont sans appel : les Vaudois ne parlent pas plus lentement que les Parisiens. Ce qui change, en revanche, c'est la perception extérieure. Alors même que les chronos sont identiques, les auditeurs sont certains que les Vaudois ont mis plus de temps à lire le même texte.

Alors pourquoi cette idée reçue qui ne quitte pas l'image des Suisses ? Beaucoup d'analystes lient cela à l'activité horlogère tellement répandue de l'autre côté du lac Léman. Fabriquer des montres demande de la précision, bien sûr, et beaucoup de temps.

Jusqu'à preuve du contraire…

Pourquoi…
… peut-on insulter impunément ses meilleurs amis ?

« Salut, escroc ! » Qui n'a pas salué ainsi son bon pote de boulot en débarquant au boulot justement ? Sans que le pote s'en offusque le moins du monde, et avec raison. Il percute évidemment qu'il s'agit là d'une plaisanterie, sous forme d'antiphrase. Tout comme l'enfant que sa maman appelle amoureusement « ma crapule » ou « ma petite peste » ; il lui répond par un sourire. Ni les uns ni les autres ne prennent les mots au pied de la lettre. Alors que si vous traitez dans un journal un ministre ou un garagiste d'escroc, voire de crapule, vous êtes bon pour un procès en diffamation. Pire encore si le garagiste est également ministre !

Pourquoi cette différence ?

L'explication prend sa source dans la multiplicité de la communication humaine. Nous avons en effet plusieurs canaux disponibles pour échanger avec nos semblables. Les mots, bien sûr, mais aussi les expressions, les attitudes et les gestes. Tous n'ont pas la même valeur.

Paul Watzlawick, psychiatre mexicain d'origine autrichienne, a théorisé cela dans les années 1960. La communication qu'il appelle « digitale » regroupe les contenus intellectuels. C'est la communication verbale. Elle suppose de parler la même langue que votre interlocuteur. La communication qu'il nomme « analogique », quant à elle, s'attache à tout ce qui touche l'expression, tout ce qui parle de la relation entre les deux interlocuteurs. Or il a été démontré que la communication analogique prend toujours le dessus sur la communication digitale. C'est-à-dire que l'on prête d'abord attention à l'intonation, aux mimiques, aux gestes, avant de tenir compte des mots.

Si une Afghane vous raconte une histoire drôle en pachtoune, l'effet sur vous sera nul : impossible de piger ce qu'elle raconte. Mais si un Danois vous balance son verre à la figure, même si vous ne parlez pas un mot de danois, vous pigez qu'il vous en veut ! Les faits comptent plus que les mots. Et à mi-chemin entre les faits et les mots, il y a l'intonation, nous apprend le génial Watzlawick. De ce hiatus naissent ces fréquentes équivoques dans les conversations par mail, dans les tchat ou par SMS. L'ironie relève de la communication analogique, elle transite très mal par un clavier électronique, vecteur de la communication digitale. D'où le *smiley*, :-) ou ;-), pour signifier qu'on plaisante.

Un dîner à la maison. Si je souhaite la bienvenue à mes invités en serrant les dents, ils vont immédiatement se demander s'ils ne tombent pas comme des cheveux sur la soupe. À l'inverse, lâcher une insulte en éclatant de rire en modifie complètement la portée. Voilà pourquoi, pendant les jeux de société, les noms d'oiseaux fusent sans que personne en prenne ombrage.

Moralité : vous pouvez insulter vos meilleurs amis, oui, mais avec un grand sourire !

Jusqu'à preuve du contraire…

Pourquoi…
… y a-t-il autant de sectes aux États-Unis ?

Tom Cruise et John Travolta sont scientologues. Madonna donne dans la Kabbale. C'est à croire que les sectes sont partout aux États-Unis.

Ce n'est pas qu'une impression, les chiffres parlent. Comptons ce qu'ils appellent « Églises », et que selon les cas nous appelons souvent « sectes », comme la scientologie ou les Témoins de Jéhovah. Les Églises rassemblant plus de 60 000 membres sont au nombre de 81. Elles regroupent les grandes religions monothéistes—et leurs kyrielles de variantes, notamment chez les protestants—ainsi que le bouddhisme. La dernière estimation porte à 450 000 le nombre d'Églises, toutes catégories confondues.

Voyons maintenant les Américains eux-mêmes : sur une population de 308 millions d'habitants, seulement 13 % déclarent *ne pas* appartenir à une Église, soit à peine 40 millions. Autrement dit, les 450 000 églises se « partagent » plus de 268 millions de fidèles.

Je reviens à la question initiale, pourquoi autant de sectes ? Avant tout pour des raisons financières. La loi prévoit en effet que les entreprises religieuses bénéficient d'un statut fiscal spécial. Elles ne payent pas d'impôts ! Pour des hommes d'affaires avisés, c'est une niche à ne pas rater.

L'article 501 du code des impôts américain précise que ces associations seront exemptées de taxes, à condition qu'elles ne fassent pas de politique [1]. Mais pourquoi le statut des « Églises » est-il aussi favorable ?

Ce particularisme remonte à la naissance des États-Unis. Pour beaucoup d'immigrants venus d'Europe, ce pays a représenté, outre une possibilité de commencer une nouvelle vie, le droit de suivre leur religion sans être persécutés, qu'ils soient protestants, catholiques ou juifs. Le premier amendement de la Constitution stipule depuis 1791 : *« Le Congrès ne fera aucune loi qui touche l'établissement ou interdise le libre exercice d'une religion. »*

Aujourd'hui encore, le sentiment religieux est très ancré dans le pays : l'immense majorité des Américains (87 % donc) est rattachée à une Église, point central de la communauté. Alors que la France est une république laïque depuis la loi de séparation de l'Église et de l'État en 1905, le président américain prête encore serment sur la Bible au XXIe siècle. *In God we trust*, « Nous croyons en Dieu » : cette devise est imprimée sur chaque dollar.

Comme disait Coluche : une religion, c'est une secte qui a réussi.

Jusqu'à preuve du contraire…

---

1. C'est pourquoi les Églises qui veulent entrer dans le débat public le font par le biais d'associations diverses, par exemple contre l'avortement ou l'euthanasie.

Pourquoi…
… les fourches avant de Vespa ont-elles cette forme spéciale ?

Facile de reconnaître une Vespa, scooter légendaire qui évoque Fellini, Rome, et Mastroianni dans *La Dolce Vita*. Même à Paris on la repère de loin, à son bruit pétaradant. Et à sa fourche spéciale. Au lieu de comporter, comme les autres motos, une fourche à deux branches, la roue avant d'une Vespa n'est fixée que d'un seul côté à la fourche, laquelle fait deux coudes depuis le guidon pour rejoindre le moyeu.

Pourquoi faire simple quand on peut faire compliqué ?

La firme Piaggio, fondée en 1884 à Sestri Ponente, était spécialisée dans la construction d'avions. Elle s'est trouvée fort dépourvue à la fin de la Seconde Guerre mondiale, car elle ne pouvait plus exercer son activité, l'Italie n'ayant plus le droit de fabriquer tout ce qui touchait de près ou de loin au combat.

Il faut se reconvertir. L'Italie se relève ruinée des années Mussolini et de son alliance avec l'Allemagne. L'automobile est hors de prix. Enrico Piaggio, fils du fondateur Rinaldo, demande à ses ingénieurs de concevoir un deux-roues léger, destiné aussi bien aux hommes qu'aux femmes, non salissant (donc caréné), et de ligne moderne… Ainsi est née la splendide Vespa, lancée en 1946.

Autre contrainte imposée par le jeune Enrico à ses ingénieurs : acheter le moins de matière première possible. Piaggio avait notamment sur les bras un stock de roues et de trains d'atterrissage d'avion, avec cette forme spéciale qui permet de rentrer latéralement dans l'aile après le décollage. Il fut décidé de l'adapter à la fourche du nouveau scooter.

D'où cette forme chantournée, œuvre non pas d'un designer branché, mais du comptable. C'est pas plus mal, parfois.

Jusqu'à preuve du contraire…

Pourquoi…
… le toucan a-t-il un grand bec ?

Vous connaissez tous ce sympathique oiseau multicolore qu'on surprend parfois tard le soir avant le film du samedi soir à minuit, un peu comme le lion de la MGM, mais dans un autre genre.

Le toucan vit dans toute l'Amérique tropicale ainsi qu'en Asie du Sud-Est. Il mesure environ 60 cm, et son bec fait une vingtaine de centimètres. Un tiers de sa taille ! À se demander d'ailleurs pourquoi il ne tombe pas en avant, emporté par le poids de son appendice nasal…

À quoi lui sert ce bec ? Les zoologues ont émis toutes les hypothèses : stocker de la nourriture ? creuser dans le sol ? séduire ? se battre ? Rien de tout cela.

Une équipe d'ornithologues brésiliens et américains pense avoir percé son secret. En traquant le toucan avec une caméra thermosensible, les chercheurs ont découvert que la température du bec évolue au fil de la journée. Très vascularisé, c'est-à-dire irrigué d'une multitude de vaisseaux sanguins, il lui permet de réguler sa température ; un peu à la manière d'un radiateur/convecteur naturel. Le soir en particulier, une forte émanation de chaleur se produit.

De quoi retrouver des forces pour regarder le film.

Jusqu'à preuve du contraire…

Pourquoi…
… dit-on le « roi des Belges » et non le « roi de Belgique » ?

Vous le savez : Albert Félix Humbert Théodore Christian Eugène Marie de Belgique, plus connu sous le nom d'Albert II, est depuis le 9 août 1993 le sixième roi des Belges. Cherchez dans votre poche, il y est peut-être : il orne les pièces belges de 2 euros. Alors que Louis XIV était roi de France ou Victor-Emmanuel roi d'Italie, rois de leur pays donc, pourquoi ce réducteur « des Belges » ?

C'est dû au fait que la Belgique est devenue une monarchie très tardivement. Et trouver un souverain n'a pas été chose facile.

La Belgique n'a connu l'indépendance que le 4 octobre 1830, en se séparant des Pays-Bas. Pour sceller l'unité, le Congrès national élit un roi en la personne de Louis d'Orléans, deuxième fils de Louis-Philippe, qui vient lui-même d'être élu roi par le Parlement français. Mais les Anglais s'opposent farouchement à son accession au trône, et Louis-Philippe estime plus sage de demander au fiston de renoncer.

Le Congrès belge propose alors la couronne à Léopold Georges Chrétien Frédéric prince de Saxe-Cobourg, de la même lignée que les rois d'Angleterre, également connu pour son passé militaire (il s'est battu contre Napoléon avec l'armée russe). Celui-ci accepte. Leopold Ier est donc élu roi des Belges le 4 juin 1831 et prête serment sur la Constitution le 21 juillet 1831 (date de la fête nationale belge).

Mais contrairement aux anciennes monarchies comme l'Angleterre ou l'Espagne, le roi des Belges n'a pas de royaume, au sens où il ne possède pas la terre. Il est le souverain du peuple uniquement. Cette caractéristique royale de la possession de la terre remonte au Moyen Âge et, si elle est tombée en désuétude progressivement, elle a tout de même laissé comme trace la dénomination royale.

Jusqu'à preuve du contraire…

Pourquoi…
… avons-nous souvent l'impression d'avoir déjà exactement vécu telle ou telle scène ?

Si ça se trouve, vous avez déjà l'impression d'avoir exactement vécu cette scène : lire cette question, dans le livre que vous tenez entre les mains, à l'endroit exact où vous vous trouvez. Normal : ce sentiment passager de déjà-vu affecte 70 % d'entre nous, hommes et femmes confondus. Il a fait l'objet de bien des controverses.

La difficulté de l'étude vient qu'il s'agit d'une expérience fugace et subjective, donc non reproductible à la demande. Ses manifestations alimentent toutes sortes de théories irrationnelles. Certains ont ainsi considéré qu'il s'agissait d'un don de voyance, voire de la preuve de la réincarnation. Paco Rabanne, par exemple, estime que le génie de Mozart ne peut s'expliquer autrement que par des réminiscences de pièces composées dans une vie antérieure. Ça tombe sous le sens effectivement ! Dans le même ouvrage (car il en a fait un livre), Rabanne annonçait la chute de la station Mir sur le Gers en 1999, faisant des milliers de morts, et révélait que dans une autre vie, il avait été fille de joie dans un bordel, avec pour client Edouard Balladur. C'est dire l'épaisseur de sa théorie.

La science, heureusement, a fait des progrès suffisants pour apporter des explications plus sérieuses à ce phénomène. Les médecins se sont dirigés vers l'hypothèse d'un dysfonctionnement du cerveau : une désynchronisation du traitement de l'information, ou plus précisément un défaut d'identification du caractère nouveau d'une situation.

Ce sont des stimulations électriques de régions profondes du cerveau qui ont permis de mettre sur pied cette théorie, que des expérimentations complémentaires ont étayée. Le Dr Bartolomei, neurologue à Marseille, a mis en évidence une « panne » temporaire affectant le cortex périrhinal vers lequel convergent les nouvelles perceptions, avant d'être dirigées vers le cortex entorhinal et l'hippocampe, où elles sont mémorisées. En l'absence de cette identification d'une situation comme étant nouvelle, nous estimons naturellement avoir déjà vécu la scène.

Waouh ! Périrhinal et entorhinal, fallait les placer !

(Bizarre : j'ai l'impression d'avoir déjà écrit cette phrase.)

Jusqu'à preuve du contraire…

Pourquoi…
… l'araignée ne tournicote-t-elle pas suspendue à son fil ?

Qui n'en a pas fait l'expérience ? Accroché à une corde, un poids a tendance à tourner sur lui-même pendant un certain temps, disons quelques minutes, dans un sens puis dans l'autre, avant que ces mouvements finissent par cesser.

Or l'araignée, une petite bête qui passe son temps suspendue à son fil, ne rencontre pas ce genre de problème… Elle conserve son orientation, même dans la brise.

L'araignée fabrique un fil qui « absorbe » les mouvements et revient aussitôt à sa forme initiale, ce qui permet à la délicieuse bestiole d'être dans la meilleure position pour tisser sa toile et bloquer ses proies.

On appelle cela un « matériau à mémoire de forme ». L'industrie ne sait fabriquer ces alliages que depuis une petite dizaine d'années. On en trouve dans certaines montures de lunettes, des agrafes pour fractures osseuses, des pièces de robotique ou encore des armatures de soutien-gorge. Bref, rien que du précieux.

Le premier matériau à mémoire de forme découvert fut un alliage or-cadmium. On utilise aussi le platine, le nickel et le titane. La rareté des métaux employés fait de la découverte d'une autre technique un enjeu crucial.

On est loin d'avoir percé tous les secrets de fabrication du fil de l'araignée, une merveille de technologie à ce jour inégalée. Juste un exemple : le fil de l'araignée est plus résistant que l'acier, il peut supporter des charges de 45 tonnes par centimètre carré ! Si l'on parvenait à reproduire la composition de ce filin, cela permettrait à un homme adulte de se suspendre à une corde de la taille d'un fil de pêche. Et le bus de l'équipe de France à une ficelle de string.

Jusqu'à preuve du contraire…

Pourquoi…
… le rire est-il contagieux ? Et le bâillement ?

Il est entré dans l'histoire, le fou rire entre Bill Clinton et Boris Eltsine. Le 23 octobre 1995, l'Américain et le Russe, à la tête des deux superpuissances, offraient au monde l'image d'une réconciliation, d'un relâchement des tensions. C'est l'illustration magnifique du rôle du rire comme fonction sociale. Il signifie là un pacte de non-agression, quatre ans seulement après la fin de la guerre froide, entamée en 1947 et qui s'est terminée en 1991 avec la disparition de l'URSS et la mort du pacte de Varsovie.

Qu'on soit au Kremlin ou au bistrot, le caractère contagieux du rire a deux raisons : l'acceptation de cette « paix » qui se signe, et le relâchement général que cela engendre. La tension qui pouvait régner se dissipe brusquement, et chacun en prend acte en se joignant au rire. Pour dire les choses moins doctement : il est risible de voir quelqu'un rire.

Le bâillement a en partie la même fonction : qui n'a pas vu les élèves se décrocher la mâchoire à l'unisson, au grand désespoir du professeur ? Ce n'est pourtant pas forcément un mauvais signe. Le bâillement remplit d'abord un rôle d'oxygénation : on bâille par réflexe, pour redonner de l'énergie au corps, et ainsi combattre la fatigue.

Mais au sein d'un groupe, bâiller est aussi un signal qui permet de mettre ses membres à l'unisson. Pas étonnant dès lors qu'il soit contagieux.

Mais ce n'est pas tout. Le bâillement a encore une autre fonction, plus inattendue, qui accroît son caractère contagieux. Une thèse de doctorat a été publiée à ce sujet par le Dr Wolter Seuntjens à l'université d'Amsterdam [1]. Après des années de recherches, chez les animaux comme chez les humains, il a découvert que le bâillement peut être également une invitation, consciente ou inconsciente, à partager… son lit.

Si cela donne envie de bâiller en retour, c'est que l'on est sur la même longueur d'onde. Le signal est clair.

Jusqu'à preuve du contraire…

---

1. *On Yawning, or The Hidden Sexuality of Human Yawn*, 2004.

Pourquoi…
… ça coupe quand c'est pointu ?

Les bouchers et les fakirs le savent bien : le processus de coupe est une question de pression. Plus le point de contact entre deux objets, deux matières, est petit, plus la matière la plus dure va pénétrer la plus molle rapidement.

Quand un objet pointu entre en contact avec un autre, la pression s'exerce sur une surface extrêmement petite, ce qui permet à l'objet biseauté de séparer les molécules de la matière transpercée. C'est la raison pour laquelle on aiguise les couteaux : de cette façon, le point de contact est ramené à sa portion congrue. La force appliquée (celle du bras) est la même, mais la pression exercée augmente en proportion inverse de la surface.

Alors pourquoi les fakirs ne se coupent-ils pas en s'allongeant sur des planches à clous ?

C'est là qu'intervient le principe de répartition de la pression. La densité du corps des fakirs est bien entendu bien moindre que celle des clous, mais les clous sont nombreux ! Ainsi, les fakirs s'installent sur leur planche toujours très lentement, en répartissant la pression sur des centaines de pointes, plutôt que sur trois ou quatre qui les transformeraient en passoire. Ils ont appris à tirer profit de ce paradoxe : plus il y a de clous, plus c'est spectaculaire, certes, mais moins ça fait mal !

D'où l'expression : le clou du spectacle.

Jusqu'à preuve du contraire…

Pourquoi...
... les dauphins sont-ils propres alors que les coques des bateaux sont sales ?

C'est la question que se posent tous les mousses, surtout quand ils sont de corvée de nettoyage. Cette interrogation a également passionné un jeune chercheur allemand, Christof Baum, qui a choisi ce phénomène comme sujet de thèse, en 2001 (*Comparative Biochemistry and Physiology*, 2001). Le thème n'a rien de fantaisiste : la réponse peut être cruciale, quand on sait ce que coûtent en énergie et en pollution les peintures des navires, qu'il faut indéfiniment remettre à neuf.

Commençons par la fin : pourquoi les coques des bateaux sont-elles sales ? D'abord, au bout d'un certain temps d'immersion, la coque se couvre de matières organiques en suspension dans l'eau. Ces matières adhèrent aux rugosités de la surface. De l'ordre du millimètre, mais ça suffit. Des micro-organismes se fixent ensuite dessus, qui vont former une mince pellicule vivante, on appelle ça un biofilm, qui permettra à des organismes plus gros de vivre à leur tour sur la coque.

Cela ne vous a pas échappé : les bateaux n'ont pas d'écailles, les dauphins non plus. Les poissons, si. Les mêmes poissons qui ont en plus la chance d'entretenir des parasites « amis » qui les nettoient et les débarrassent des indésirables. Ni les dauphins ni les bateaux n'ont d'amis comme ça.

Mais les dauphins ont une arme secrète. Tout d'abord, les rugosités de la surface de leur peau ne sont pas de l'ordre du millimètre, mais du nanomètre, c'est-à-dire du millionième de millimètre. Ce qui rend l'accrochage des particules difficile. Ensuite, comme celle des mammifères terrestres, leur peau est protégée par des enzymes qui vivent à sa surface et jouent le rôle d'une sorte de « lessive » (souvenez-vous des enzymes gloutons des lessives des années 1970 !).

Mais ce n'est pas tout : les sauts qu'ils s'amusent à faire jouent également leur rôle. Splash ! Splash ! En provoquant un frottement d'eau et de bulles d'air, ils privent les parasites d'adhérence.

Voilà qui réjouira le petit mousse.

Jusqu'à preuve du contraire…

Pourquoi…
… le mois d'août est-il le plus chaud de l'année, alors que c'est en juin que les jours sont les plus longs ?

Éric Charden l'a bien chanté : « *L'été s'ra chaud, l'été s'ra chaud ! Dans les T-shirts, dans les maillots !* » Vous vous voyez passer le bac en bikini ? Non, car le bac a été placé en juin (pour faire coïncider les révisions avec Roland-Garros). C'est même le 21 juin que l'ensoleillement est maximum dans l'hémisphère Nord. Or c'est environ deux mois plus tard, en août, que le pays connaît ses plus grands pics de température, comme lors de la canicule de 2003. Pourquoi cette contradiction ?

Car notre raisonnement de départ, s'il est logique d'un point de vue mathématique, ne l'est pas sur le plan météorologique. La faute à l'inertie thermique. Concrètement, il faut un certain temps pour que les océans d'une part, et la terre de l'autre se réchauffent. Des semaines. En juin, les jours sont effectivement plus longs, mais en août, la terre et les océans ont emmagasiné une chaleur qu'ils restituent peu à peu.

Le même phénomène, d'ailleurs, se produit dans la journée. Les météorologues ont établi que les températures de surface atteignent leur point culminant avec un retard de l'ordre de 1 heure à 1 h 30 sur l'éclairement solaire maximum. C'est l'après-midi qu'il fait le plus chaud, et non au moment où le soleil est le plus haut au-dessus de nos têtes.

Voilà pourquoi la sieste suit le repas, et non l'inverse. Il fait trop chaud pour travailler.

Jusqu'à preuve du contraire…

Pourquoi…
… a-t-on des envies farfelues quand on est enceinte ?

— Chéri, il me faut absolument des fraises !

— Mais chérie, il est quatre heures du matin…

— Oui, je sais. Mais je les veux maintenant !

Qui ne connaît pas la scène ? Les femmes enceintes exigent des fraises en hiver, du riz au lait avec de la salade verte, du quatre-quarts industriel trempé dans de la chicorée, bref, des tas d'aliments plus étranges ou écœurants les uns que les autres. On en a même vu une déguster des chenilles grillées sur le marché de Hanoï (alors qu'en temps normal, il faudrait la payer pour regarder Koh Lanta) !

Quand une femme est enceinte, son métabolisme change, d'une part, et son organisme a des besoins nouveaux, d'autre part. Elle a besoin de beaucoup de sommeil, d'une alimentation particulièrement saine… Les fameuses envies correspondent à des carences que son corps repère et veut corriger. C'est pourquoi elles sont aussi impérieuses.

On considère qu'une grossesse complète représente une dépense d'énergie de 80 000 kcal (ou calories) pour la femme, soit environ 285 kcal par jour. Les besoins spécifiques concernent surtout les protéines et les glucides, mais aussi le calcium, les vitamines, les lipides… à des degrés divers.

Revenons à ces envies impérieuses. Si les besoins sont rationnels, la façon de les combler ne l'est pas toujours. Les envies sont soudaines, les dégoûts, rédhibitoires. C'est l'afflux d'œstrogènes qui augmente la sensibilité aux odeurs et peut expliquer la bizarrerie des choix : la femme serait plus sensible à ces choses qu'elle ne sent pas d'ordinaire.

Voilà pourquoi certaines femmes enceintes se ruent sur le chocolat—riche en fer—ou encore sur les fruits frais pleins de vitamines. D'autres élisent la viande rouge, alors qu'elles n'y touchent pas ordinairement.

Toutes les envies, même les plus excentriques, sont le signe d'un besoin spécifique. Il faut surtout les suivre !

Jusqu'à preuve du contraire…

Pourquoi…
… les Français comptent-ils 80 « quatre-vingts » et 90 « quatre-vingt-dix », et non pas « octante » et « nonante » comme les Belges et les Suisses ?

Parce qu'ils utilisent un système vicésimal partiel.

Certes, mais encore ?

Le système vicésimal (ou vigésimal) utilise la base 20 pour compter, alors que notre système décimal utilise la base 10. Il remonte à des civilisations très anciennes, pas seulement européennes. Il était utilisé par les Aztèques par exemple, ou les Mayas, les plus grandes civilisations de l'Amérique, bien avant l'arrivée de Christophe Colomb.

Le système vicésimal a connu son apogée en Europe pendant le Moyen Âge, pour disparaître en grande partie à la fin de cette période. Il en est cependant resté des vestiges, comme « quatre-vingts » ou « quatre-vingt-dix ».

C'est l'Académie française, fondée en 1635 par Richelieu sous le règne de Louis XIII, qui a fixé les formes qui sont encore en usage de nos jours. Notamment sous l'influence de Vaugelas. Ce grammairien avait une idée très précise de ce qu'il convenait de faire ou non, fondée sur sa conception de l'élégance. Le snobisme existait déjà au XVIIe siècle. Dans la haute société, faire référence à l'ancien système vicésimal était du dernier chic. Vaugelas récuse ainsi « nonante » et

« septante », qu'il juge trop populaires, dans ses *Remarques sur la langue française* : « *Septante n'est français qu'en un certain lieu où il est consacré, qui est quand on dit* la traduction des Septante *ou* les Septante Interprètes, *ou simplement* les Septante, *qui n'est qu'une même chose. Hors de là, il faut toujours dire* soixante-dix, *de même que l'on dit* quatre-vingts *et non pas* octante, *et* quatre-vingt-dix *et non pas* nonante. »

Ainsi parle doctement l'homme de lettres. D'explication, il n'en donne point.

Hélas ou heureusement, le rayonnement de l'Académie française n'a pas franchi les frontières, puisque Suisses et Belges se sont dispensés de ce rappel d'un passé lointain.

Et voilà le pourquoi octante résolu.

Jusqu'à preuve du contraire…

Pourquoi…
… les femmes n'aiment-elles pas le porno ?

Les hommes s'en étonnent souvent, certains s'en désolent… Mais pourquoi donc les femmes n'attendent-elles pas avec impatience le film du samedi soir sur Canal+ ?

Évidemment, il s'agit là d'une généralité et, comme toute généralité, elle recèle une foule de contre-exemples de femmes qui adorent les films hard, et d'hommes qui détestent (moi le premier). Mais les statistiques sont têtues : la clientèle du X (TV, DVD, Internet) est beaucoup plus masculine que féminine.

Ce n'est pas que le beau sexe soit moins porté sur la fornication. Il n'y a qu'à voir l'avalanche de sujets sexo annoncés en couverture des magazines féminins, et de plus en plus « concernants », de plus en plus crus.

Alors pourquoi un tel fossé entre les sexes ?

La réponse en surprendra plus d'un : en réalité, les femmes aiment le porno ! Sauf que ce n'est pas le même que celui des hommes.

Dans son ouvrage *L'Érotisme,* le sociologue italien Francesco Alberoni a comparé l'image commune des relations entre hommes et femmes véhiculée par les films pornographiques. Il a analysé la trame du scénario, non seulement du film, mais scène par scène. Presque invariablement, il s'agit d'un type banal, qui croise une jeune femme sublime, aussi séduisante que disponible. Alors que normalement, la belle ne lui jetterait même pas un regard, voilà que par miracle, elle n'a qu'une obsession : s'envoyer en l'air avec lui sur-le-champ ! En échange, cette bombe sexuelle ne demande rien : pas d'invitation à dîner, pas de voyage de rêve, pas de cour assidue, encore moins de promesse de mariage, juste le plaisir immédiat.

Alberoni s'est ensuite penché sur un autre type de scénarios : une infirmière célibataire comme il y en a tant dans un hôpital, où vient d'être muté un célèbre chirurgien. Il est grand, beau, riche, cultivé, élégant, et il n'a qu'une idée en tête : mieux connaître cette infirmière que personne n'avait jusque-là remarquée. Toujours célibataire (on se demande bien pourquoi), il lui envoie des lettres passionnées, la couvre de fleurs et de cadeaux, la demande en mariage, sans même avoir couché. La femme le repousse ? Il persévère… Voilà le porno féminin : ce sont les histoires des romans à l'eau de rose.

À l'origine de ces pulsions opposées, on retrouve l'instinct profond du mammifère ; le mâle cherche à répandre ses gènes et la femelle cherche à obtenir une protection pour élever ses petits. Comme l'explique Francesco Alberoni : *« La pornographie masculine élimine la résistance féminine […]. Les romans sentimentaux, eux, éliminent les obstacles, les doutes et les responsabilités. »*

Impossible, dès lors, qu'hommes et femmes se retrouvent ensemble devant un même film porno. Rocco Siffredi chez Harlequin, ça aurait pourtant de l'allure. Et l'inverse aussi.

Jusqu'à preuve du contraire…

Pourquoi…
… les barmen mouillent-ils les verres avant de servir la bière ?

— Paul, un demi, et sans faux col !

— Ouf ! j'ai eu peur que tu me demandes une Tourtel…

Vous l'avez noté si vous commandez votre bière au zinc, à la pression. Le barman saisit un verre et, avant de le servir, il le retourne sur une sorte de jet d'eau vertical qui l'arrose de l'intérieur. *Pshhhhh !…*

À croire que ses verres prennent la poussière. Pourtant, vu le débit des brasseries, ça ne doit pas être ça. Effectivement, c'est pas ça.

Cette pratique est en relation avec la formation de la mousse de la bière. La nucléation, comme disent les chimistes, est favorisée par les impuretés. En d'autres termes, ce sont des dépôts microscopiques que l'on trouve sur les verres, si bien lavés soient-ils, qui permettent l'apparition de bulles. Des cristaux de sel, par exemple, se fixent sur les parois quand l'eau a séché. Ou encore des microfibres du torchon qui a servi à essuyer.

Pourquoi les bulles se forment-elles ? Parce que le gaz carbonique contenu dans le liquide cherche à s'échapper. Mais ce gaz subit une pression énorme, de l'ordre de 30 atmosphères. Les bulles doivent atteindre une certaine taille pour survivre à cette pression. Or c'est grâce aux aspérités, hydrophobes, autrement dit qui éloignent l'« ennemi », l'eau, qu'elles vont avoir le temps nécessaire pour parvenir à cette taille critique.

Mais en mouillant le verre, le barman chasse une grande partie des aspérités ; ainsi les bulles ne peuvent plus naître et il y a moins de mousse dans votre bière.

Allez, une autre pour la route !

Jusqu'à preuve du contraire…

Pourquoi…
… n'y a-t-il presque pas de bleu dans la nature ?

Vous le savez depuis la maternelle : les arbres sont verts, les canaris, jaunes, les souris, grises, les pensées, violettes, les pies, noir et blanc, et la viande, rouge. Quant aux roses et aux oranges…

Évidemment, le bleu est une des couleurs les plus présentes sur la surface de la Terre, à cause du ciel et de la mer. Mais pour le reste, pourquoi y a-t-il si peu de bleu dans le monde vivant (ni dans la viande, ni dans les fruits, ni dans les légumes, etc.) ?

Deux explications à cela.

D'abord, à cause du comportement de la lumière. Le bleu est parmi les ondes les plus courtes de la partie visible du spectre, c'est aussi la plus dispersée dans l'atmosphère —d'où la couleur du ciel, et celle de la mer.

Mais surtout, à cause d'une particularité de notre vision. L'œil humain est beaucoup plus sensible aux autres couleurs du spectre—rouge, vert, jaune—car, sinon, à cause du ciel, nous serions perpétuellement éblouis. Donc nous le voyons mal, et nous en déduisons qu'il y en a peu.

Jusqu'à preuve du contraire…

Pourquoi…
… le mariage de Grace de Monaco a-t-il eu un retentissement mondial ?

Le 18 avril 1956, la star américaine Grace Kelly épouse Rainier Grimaldi, prince de Monaco, royaume d'opérette à peine peuplé de trente mille âmes, coincé sur quelque 2,2 km^2 entre mer et montagne. Depuis cette date, sa surface médiatique deviendra celle d'un pays majeur. Les projecteurs braqués sur la principauté ne s'en détourneront plus jamais. Ce n'est pas Caroline, Albert, Stéphanie ou la petite Charlotte qui me démentiront.

Par quel miracle ? Tout a commencé par un banal coup de com : un journaliste de *Paris Match*, Pierre Galante, qui couvre sans entrain le Festival de Cannes 1955, profite de la présence de Grace Kelly pour lui organiser une entrevue avec le souverain de Monaco, petite sommité régionale. Quoi de plus vendeur et romantique qu'une jeune fille rencontrant un véritable prince ?

Ce que le reporter de *Match* n'avait pas prévu, ni personne d'ailleurs, c'est que le coup médiatique va se transformer en coup de foudre, la romance de papier virer au mariage d'amour.

Grace Kelly est alors au sommet de sa carrière : elle a tourné sous la direction du maître du suspense Alfred

Hitchcock *Le crime était presque parfait*, *Fenêtre sur cour* et *La Main au collet*. Grace, qui vient de remporter l'oscar de la meilleure actrice pour *Une fille de la province*, est sous contrat avec la Metro Goldwin Mayer. Elle leur doit un film. Mais elle ne veut plus entendre parler d'Hollywood. Elle prépare ses bagages pour s'installer à Monte-Carlo, et ainsi mettre fin à sa carrière d'actrice à vingt-sept ans. La MGM lui propose d'échanger son contrat contre les droits d'exploitation de son mariage. La star accepte. La MGM produira la cérémonie.

Des camions entiers de matériel déboulent sur le Rocher. L'événement est retransmis en direct à la télévision, en Eurovision, pour plus de trente millions de téléspectateurs, mais aussi en Amérique. C'est le cinéaste Jacques Demy, le réalisateur des *Parapluies de Cherbourg*, qui dirige les caméras.

Le 12 avril, Grace arrive de New York à bord du paquebot *Constitution* : les canons tirent une salve d'honneur. Le milliardaire Onassis fait pleuvoir des œillets rouges et blancs depuis son hydravion. La cérémonie nuptiale se tient le 18. Hitchcock en personne est le témoin de la mariée. Le mariage est animé par l'acteur américain Gene Kelly. Le Tout-Hollywood s'est déplacé, croisant le gotha. La France est représentée par le garde des Sceaux, François Mitterrand.

Dix ans après la Seconde Guerre mondiale, le public voit là un conte de fées moderne, avec un scénario parfait : ils sont jeunes, ils sont beaux, ils sont riches. Lui est un prince célibataire—rare sur le marché !—, elle, une actrice en pleine gloire. Et, plus fort que toutes les fictions : ils s'aiment pour de vrai…

Mieux que la télé-réalité : la réalité à la télé.

Jusqu'à preuve du contraire…

Pourquoi…
… les lions ont-ils une grosse crinière ?

Non, Castille, ce n'est pas pour faire joli. Non, Félix, ce n'est pas pour avoir l'air méchant.

En fait, c'est un accessoire indispensable à tous ceux qui se battent à coups de dents. Essayez de planter vos crocs dans une crinière de lion, et vous comprendrez !

Très bien, allez-vous me rétorquer, mais si la crinière protège à ce point de l'égorgement, pourquoi les tigres ou les panthères n'en ont-ils pas ? Et pourquoi pas de crinière non plus chez l'animal qui ressemble le plus au lion, à savoir son épouse, la lionne ?

Très bonne question, mes enfants. Ce qui différencie le lion des autres félidés, c'est que le roi des animaux ne chasse pas. C'est la lionne qui s'en charge. Le lion est en haut de la chaîne des prédateurs. Le rôle du mâle est de protéger son territoire, et son clan. D'où le magnifique attirail prévu à cet effet. Les tigres ou les panthères chassent, quel que soit leur sexe.

Jusqu'à preuve du contraire…

Pourquoi…
… le prénom Marianne est-il le symbole de la République ?

Que ce soit dans les dessins de Jacques Faizant (pas franchement à gauche), ou dans les kiosques, en hebdomadaire, (pas franchement à droite), Marianne incarne la République française.

Pour quelle raison ? Et depuis quand ? Depuis deux siècles au moins, depuis la Révolution.

Une des premières décisions de la Convention, en 1792, fut d'en finir avec le symbole masculin du roi, et de promouvoir une nouvelle image de la République : *« Le sceau de l'État sera changé et portera pour type la France sous les traits d'une femme vêtue à l'antique, debout, tenant à la main droite une pique surmontée du bonnet phrygien ou bonnet de la liberté, la gauche appuyée sur un faisceau d'armes. »*

Une femme donc, pour incarner la dimension maternelle de la République qui prend soin de ses enfants. Très vite, on la surnomma « Marianne », prénom populaire au XVIIIe siècle car il est la contraction des deux prénoms alors les plus donnés, Marie et Anne. Une chanson très en vogue à l'époque, « La guérison de Marianne », l'a consacrée. Elle date d'octobre 1792, quelques jours après la proclamation de la République. Elle raconte les péripéties de ce nouveau régime.

Morceaux choisis :
Marianne, trop attaquée
D'une forte maladie
Était toujours maltraitée
Et mourait de misère.
Le médecin, sans la guérir
Nuit et jour la faisait souffrir.
Le nouveau pouvoir exécutif
Vient de lui faire prendre un vomitif
Pour lui dégager le poumon
Marianne se trouve mieux.

En tout cas, les deux camps l'adoptent. Pour des raisons opposées. Pour les révolutionnaires, sa popularité est un gage de réussite ; il rend la République proche et familière. Pour les contre-révolutionnaires, aristocrates ou non, l'appellation est péjorative ; le prénom est populaire dans l'autre sens du terme, vulgaire.

Voilà de quoi assurer l'immortalité de Marianne.

Jusqu'à preuve du contraire…

Pourquoi…
… porte-t-on des toasts en buvant avec ses amis ?

« À nos femmes, à nos chevaux, et à ceux qui les montent ! » Ainsi Jacques Chirac avait-il l'habitude de porter un toast à la cantonade, le verre levé, sous les vivats de l'entourage.

Le mot « toast », dans le sens de « boire à la santé de quelqu'un », apparaît en français au XVIIIe siècle, en provenance d'Angleterre. Auparavant, il signifiait tout simplement « pain grillé ». On note au passage que ce mot vient de l'ancien français « toster », qui signifie « rôtir ». Jusque-là, tout se tient.

Mais quel rapport avec l'état clinique ? Certains ont avancé que les Anglais auraient comparé la santé de celui pour lequel on buvait à un petit pain grillé. On la lui souhaiterait fraîche et croustillante, en quelque sorte. Absurde, même pour ces excentriques Brittons.

Il nous faut faire voile jusqu'aux Indes, à la cour du Grand Moghol, pour trouver l'explication. À l'apogée de leur empire colonial (sur lequel « le soleil ne se couchait jamais »), le commerce des Anglais avec cette partie du monde était florissant. La Compagnie anglaise des Indes orientales en détenait le monopole et entretenait avec les Indiens les relations les plus cordiales. C'est ainsi qu'elle adopta, puis importa la coutume locale de l'apéritif, et le vocable adapté. Les Moghols parlaient le perse et ont introduit cette langue en Inde. En persan, le terme consacré était *dostkam*, de *dost* qui signifie « ami », et *kam*, « amour ». *Dost*/toast : le secret de l'amitié.

Jusqu'à preuve du contraire…

Pourquoi…
… est-ce que ce sont toujours les mêmes qui se font bouffer par les moustiques ?

C'est vrai, c'est étonnant ! C'est l'été, on est deux dans une chambre, et c'est toujours sur le même (ou la même) que ça tombe ! *Idem* lors des dîners caniculaires sous les arbres…

Contrairement à ce que l'on pense, cette injustice face aux moustiques n'est pas due à un sang « sucré » ou encore à une peau plus appétissante, voire à une transpiration dégoûtante… Pas plus qu'à une malédiction familiale remontant à la nuit des temps.

Non. En fait, les moustiques piquent également tous les humains présents dans leur périmètre de chasse. Ce qui change, c'est la réaction de chacun. Précisons que la piqûre en elle-même n'est absolument pas douloureuse. C'est après le départ de l'insecte que nous nous apercevons de son passage. Le moustique, comme chacun sait, se nourrit du sang. Il plante sa trompe dans la peau et, pour pouvoir faire le plein sans que le sang coagule, injecte sa salive qui contient un anticoagulant. Le problème, c'est que dans la composition de ce liquide entrent des éléments allergènes, qui peuvent causer des réactions plus ou moins fortes selon les individus.

Voilà où réside la grande injustice : certains sont allergiques et d'autres non. Certains vont voir leur peau se colorer de rouge, se mettre à gratter, alors que les chanceux ne se rendront même pas compte qu'ils ont été piqués.

Ce ne sont pas toujours les mêmes qui se font piquer, mais ce sont toujours les mêmes qui *réagissent* aux piqûres.

Jusqu'à preuve du contraire…

Pourquoi…
… le « Y » est-il qualifié de « grec » ?

L'avant-dernière lettre de notre alphabet. Qu'y a-t-il de grec en elle ? Sa forme ? Sa sonorité ? Son utilisation ? Rien de tout ça.

Le « Y » est une sorte d'ornithorynque syntaxique d'autant plus incongru que ce sont les Romains qui l'ont « inventé », ou plutôt importé dans notre—enfin, leur—alphabet.

Cela se passait dans l'Antiquité. L'alphabet romain comportait alors vingt-trois lettres (sans W ni Z, mais avec l'indispensable X). Ils avaient besoin d'un son supplémentaire qui se prononce comme notre « u », et qui correspond à l'upsilon grec (qui s'écrit Y en majuscule et υ en minuscule. En latin, la lettre « u » se prononçait « ou », comme en italien ou en espagnol modernes. Plutôt que d'utiliser leur « u » en ajoutant une marque pour indiquer une prononciation différente, ils ont choisi d'importer la lettre grecque. C'est ainsi que le « y » a fait son entrée sur la scène internationale. Mais comme les Romains n'ignoraient pas qu'il faut toujours rendre à César ce qui appartient à Cléopâtre, ils l'ont qualifié de « grec ».

En anglais, le Y se prononce *why* (phonétique : [waj], comme dans *ouailles* en français). *Why*, qui veut dire pourquoi.

Jusqu'à preuve du contraire…

Pourquoi…
… certains alcools rendent-ils plus malade que d'autres ?

Blanc sur rouge, rien ne bouge. Rouge sur blanc, tout fout le camp !

Hips… Chacun y va de sa recette, en touillant son aspirine. Amis fêtards, lisez attentivement ce qui suit.

Deux sources de maux nous guettent lorsque nous ingurgitons de l'alcool.

L'ivresse proprement dite, tout d'abord. Ses symptômes —rigolade, puis difficulté à articuler, puis à marcher droit, enfin envie de vomir—sont liés au fait que l'alcool, en passant trop rapidement et/ou en trop grande quantité dans le sang, a déréglé notre système nerveux. C'est le volume d'alcool qui compte dans ce cas, donc toutes les boissons qui en contiennent génèrent les mêmes effets indésirables.

Ensuite, d'autres symptômes sont liés aux substances chimiques issues de la fermentation ou de la distillation. Celles-ci sont néfastes sans être pour autant de l'alcool. Une des plus connues, et redoutables, est la tyramine. Elle agit sur la circulation du sang et peut déclencher des migraines épouvantables, la fameuse « gueule de bois ». Le xérès, le riesling ou encore le sauternes en sont très riches. D'où leur réputation. Le gin en revanche, même si c'est un alcool fort, en est plutôt dépourvu. Tout comme la vodka. Cette dernière reste cependant hautement toxique dans certains cas de distillation de contrebande.

Il y a des clients qui deviennent aveugles, même si les Polonaises en boivent au petit déjeuner.

Jusqu'à preuve du contraire…

Pourquoi…
… les coquillages sont-ils régulièrement contaminés et leur pêche interdite, et jamais les poissons ?

Une info à la radio : « La vente de moules est suspendue jusqu'à nouvel ordre. » Un arrêté municipal : « Défense de ramasser des coquillages sur la plage. » Et cet adage, qui fait bondir tous les conchyliculteurs : « Il ne faut manger des huîtres que les mois en R. »

Pourquoi est-ce toujours les mêmes qui trinquent ? Pourquoi jamais les poissonniers ?

Les coquillages sont régulièrement contaminés tout d'abord pour des raisons physiques : si une pollution survient, qu'elle soit naturelle (par des algues notamment) ou due à l'activité humaine, ils ne peuvent pas fuir. Ne dit-on pas « accroché comme une bernique à son rocher » ? Les pauvres coquillages sont donc condamnés à boire le calice jusqu'à la lie… Autre caractéristique, les mollusques marins, notamment les bivalves (huîtres et moules par exemple), ont une grande capacité de filtration, ce qui peut déboucher sur une forte accumulation de polluants et de microorganismes.

L'Ifremer a mené de nombreuses enquêtes sur le sujet. Les premières remontent à la catastrophe de l'*Amoco Cadiz* en 1978. Il a été démontré que si les mollusques restent très longtemps impropres à la consommation, les poissons, en revanche, meurent sur le coup ou s'en sortent sans trop de dommages. Et ceux qui survivent fuient immédiatement la zone…

Il faut toutefois noter que les poissons ne sont pas exempts de contamination. On a relevé par exemple la présence de PCB et de Dioxine, deux polluants particulièrement dangereux, mais aussi de mercure et de plomb dans des populations prises au hasard. La difficulté est alors de déterminer où interdire la pêche. C'est facile pour les rivières—cela fut longtemps le cas pour la Seine, et ça l'est encore pour le Rhône—, mais dans la mer, c'est une autre histoire.

Jusqu'à preuve du contraire…

Pourquoi…
… y a-t-il des indications à côté des noms de marques ? Et pourquoi trois initiales différentes (©, ®, ™) ?

Ce n'est pas pour faire joli, mais pour les protéger. Il s'agit d'avertir les éventuels contrevenants que le procès leur coûtera plus cher que prévu…

Le développement des objets manufacturés a inévitablement débouché sur la nécessité de protéger les créations originales dans ce domaine. La question du droit d'auteur était déjà sur le devant de la scène, puisque la première querelle concernant une accusation de plagiat date du Ier siècle à Rome ! Le poète Martial se plaint dans un court pamphlet d'un certain Fidentinus, qui l'aurait plagié.

Le logo copyright © est né du Copyright Act, aux États-Unis, en 1790. Ce n'est pas d'aujourd'hui non plus, c'est juste un an après la Révolution française. Le symbole © indique à qui appartient une création artistique, et on peut le voir aussi bien en Europe qu'en Amérique ou en Asie. Les lois ne sont pour autant pas les mêmes selon les continents. Dans les pays anglo-saxons par exemple, c'est le nom de l'auteur qui suit le ©, alors qu'en France, c'est l'éditeur qui le détient, tant qu'il exploite l'œuvre. Pourquoi ? Tout simplement parce que les auteurs anglo-saxons se sont mieux débrouillés dans les négociations !

Pour ce qui est des autres indications—® et ™—, elles appartiennent aux pays de droit anglo-saxon et signalent que la marque de l'objet sur lequel elles sont apposées est protégée. ® signifie « registred mark » et ™ « trade mark », le premier étant une marque déposée, alors que le second est juste une revendication de l'usage exclusif de la marque, sans qu'il y ait eu dépôt officiel. Cette nuance n'existe pas en Europe, où un dépôt auprès de l'INPI (pour la France) ou de l'OHMI (pour la Communauté européenne) est la seule façon de se prémunir contre l'utilisation frauduleuse de ses créations.

Voilà. C'est fini pour ce pourquoi ®.

Jusqu'à preuve du contraire…

Pourquoi…
… les filles font-elles pipi dans leur culotte quand elles rient beaucoup (et pas les garçons) ?

Encore une grande injustice de la vie, est-on tenté de répondre (surtout si on est une fille). Cet état de fait est dû à des différences anatomiques.

Quand on pense à l'incontinence, on pense souvent d'abord aux femmes enceintes ou ayant accouché depuis peu. Chez elles, c'est le poids de l'enfant qui, en appuyant sur le périnée, va fatiguer le plancher pelvien, qui soutient les organes du petit bassin, et rendre les sphincters moins performants. Il est généralement nécessaire de suivre une rééducation pour modérer les effets indésirables de cette perte de tonus.

Oui, mais pourquoi des jeunes filles de quinze ans, ou des femmes qui n'ont jamais été enceintes, rencontrent-elles le même problème ? Deux spécialistes [1], les Dr Saramon et Rischmann, expliquent que l'incontinence d'effort—celle qui nous intéresse ici—est liée à « un trouble de la statique pelvienne ». C'est-à-dire un relâchement du périnée, lui-même lié à la pression abdominale. Or le rire est l'un des efforts qui exercent la plus grande pression à cet endroit.

1. Dr Saramon et Rischmann, dans la revue *Progrès en urologie*, 1997, p. 137-148.

Ainsi, sans même le poids d'un enfant, on peut avoir un défaut de tension du périnée. Raison de plus pour l'exercer très jeune, afin de préparer l'avenir.

Les hommes ne rencontrent pas ce genre de problème parce que leur anatomie est différente. Si une incontinence est toujours possible, elle est due à une opération de prostate qui peut endommager le sphincter situé à sa sortie.

Que de fous rires en perspective !

Jusqu'à preuve du contraire…

Pourquoi…
… les poules n'ont-elles pas de dents ?

Je répondrai à cette question quand les poules auront des dents ! Vous connaissez la boutade : elle signifie *jamais*. Car les poules sont comme tous les oiseaux : jamais elles n'auront de dents.

Ou plutôt, les poules ont quand même une dent. Une seule. Qui tombe dès leur naissance. On l'appelle d'ailleurs la « dent de l'œuf » ; elle se trouve au bout du bec du poussin et lui permet de casser la coquille pour s'en extraire.

Mais pourquoi n'en ont-elles pas d'autres ? Comme toujours, les espèces sont déterminées par la loi non écrite de la sélection naturelle : ce qui est utile est conservé, ce qui est inutile ou handicapant tend à disparaître.

Les oiseaux ont un régime alimentaire qui ne nécessite pas de dents. Leur bec suffit. Les poules sont avant tout des oiseaux, avec des ailes, même si elles restent le plus souvent les pieds sur terre. Et la particularité de l'oiseau est de voler. Or le poids est l'ennemi de l'aviateur. Et les dents, ça pèse lourd au décollage…

Tous les pigeons vous le diront : ils détestent payer un supplément bagage.

Jusqu'à preuve du contraire…

Post-scriptum : en 2003, une équipe de chercheurs conduite par un professeur de l'École normale supérieure de Lyon (ENS) est parvenue à faire pousser des dents aux poules après transplantation de cellules souches dentaires de souris.

Les recherches effectuées sur des embryons de poulets ont été dirigées par le Dr Efthimios Mitsiadis, professeur invité à l'ENS, et réalisées en collaboration avec l'équipe du professeur Paul Sharpe, de la Faculté dentaire de Kings College à Londres, et celle des Dr Josiane Fontaine-Pèrus, du CNRS, et Yvonnick Chéraud, de l'université de Nantes. Résultats publiés dans la revue américaine *Proceedings of the National Academy of Sciences* (PNAS).

Pourquoi…
… les collants filent-ils si vite ?

Et s'il n'y avait qu'eux ! Les collants, comme le lave-vaisselle, la voiture, le téléviseur, la cafetière, bref, tous les produits que nous achetons ont une durée de vie que nous trouvons courte. Très courte. Parfois, les collants ont filé à peine ont-ils été enfilés. Un petit trou de rien du tout, mais qui s'agrandit, et qui indique la poubelle.

Cent fois, on a entendu ce dialogue : « Faut que je remplace mon portable.

— Il ne te plaît plus ?

— Si, mais il s'est arrêté de fonctionner. »

Tout cela ferait-il partie d'un vaste complot pour nous obliger à consommer ? Eh bien, pour une fois, la réponse est « oui ». C'est un complot !

Le but des fabricants est d'assurer un taux de renouvellement des appareils suffisamment important pour conforter leur développement. C'est ce que l'on appelle l'« obsolescence programmée », terme qui a fait son apparition aux États-Unis en 1932. Normal qu'il naisse dans le pays qui a inventé la production de masse…

« Ne prenez pas les gens pour des cons, mais n'oubliez pas qu'ils le sont » ; ainsi parle l'annonceur au publicitaire chargé de vendre ses produits. Le publicitaire, c'est

Frédéric Beigbeder, dont le premier métier était la pub. Il a raconté cette expérience dans son roman *99 francs*. Il ressort atterré des réunions avec le client, qu'il sévisse dans la lingerie, l'automobile ou l'électroménager. Les responsables du marketing lui révèlent un détail qui doit impérativement rester sous silence : chaque produit a été conçu en calculant au plus juste sa durée de vie future. Beigbeder : *« Le règne de la marchandise suppose qu'on en vende : ton boulot consiste à convaincre les consommateurs de choisir le produit qui s'usera le plus vite. Les industriels appellent cela "programmer l'obsolescence". »*

Il existe différents types d'obsolescence programmée. Par exemple les défauts de conception : une pièce est délibérément d'une qualité moindre que les autres. Elle va casser au bout d'un temps que les ingénieurs ont estimé (juste après la fin de la garantie…) et son remplacement sera si cher qu'il vaudra mieux acheter un nouvel appareil. Certains produits comportent des dates de péremption non justifiées, par exemple les cosmétiques. Une autre technique est de cesser la fabrication de produits associés (cartouches d'encre pour imprimantes, pièces de rechange…). Variante : rendre les nouveautés incompatibles avec les anciens modèles. C'est le cas très souvent des logiciels : il faut la dernière version du système d'exploitation pour les faire tourner. Et très souvent, ils ne sont pas compatibles entre eux. Ou alors, ce sont les prises d'alimentation qui ne sont pas compatibles, même à l'intérieur d'une même marque, pour vous obliger à acheter un nouveau chargeur. Enfin, on peut citer aussi l'obsolescence esthétique : la mode ! Encore une façon de nous pousser à acheter, encore et encore…

Je reviens aux collants : évidemment que les fabricants savent fabriquer des collants qui ne filent pas, ou presque. Mais si vous pouviez en acheter, madame, mademoiselle, vous les garderiez cinq ou six fois plus longtemps, donc en achèteriez cinq ou six fois moins. Ce qui ne ferait pas les affaires des financiers.

J'exagère ? Regardez dans la rue : on voit encore rouler des 2 CV Citroën, des Renault 4L, des 404 Peugeot, stars des années 1960. Mais le marketing est passé par là. Les suivantes, les Renault 11, Visa Citroën, Peugeot 305, ont disparu de la circulation, rouillées, foutues, moteur cassé (alors qu'en toute logique, les modèles plus récents devraient être de meilleure qualité).

J'exagère ? Reprenez ce livre dans trente ans. Même acheté à un bouquiniste, même en solde, même retrouvé jauni au fond d'un grenier, il fonctionnera encore.

Jusqu'à preuve du contraire…

Pourquoi…
… le soleil nous chauffe-t-il à travers le vide sidéral ?

Étonnant, quand on sait qu'il n'existe pas de contrée plus froide que l'espace. Il n'y a qu'à constater déjà comment ça caille au sommet de l'Éverest, pourtant éloigné du plancher des vaches de 8 848 m. Dans le vide de l'univers, la température avoine les – 270 °C !

Impossible de chauffer par convection. C'est pourtant le procédé de cuisson du four traditionnel : les résistances transmettent leur chaleur à l'air du four, les molécules s'agitent à leur tour et transmettent leur énergie au gigot d'agneau, préalablement piqué d'ail (ça ne cuit pas mieux, mais c'est meilleur). Procédé impossible car dans le vide spatial, par définition, il n'y a pas d'air.

Vous allez me dire que c'est grâce à la lumière émise par le soleil. Pas vraiment : placez-vous sous un tube néon, vous recevez de la lumière, et pourtant cela ne vous réchauffe pas.

En fait, le soleil nous bombarde perpétuellement de particules élémentaires qui se déplacent dans le vide à la vitesse de la lumière : les photons. Leur masse est considérée comme nulle, mais ils sont pleins d'énergie. Ils peuvent vibrionner suivant toutes les longueurs d'onde qu'on peut voir sur prisme, de l'infrarouge à l'ultraviolet, et s'y ajoutent toutes les fréquences invisibles, en deçà et au-delà.

Les photons qui ont voyagé pendant 8 minutes et quelque 20 secondes depuis le soleil (ça fait une trotte) transmettent leur énergie à des atomes capables de l'absorber, ceux dont la fréquence correspond. Les autres traversent la matière sans interagir. Au contact de la terre et de son atmosphère, ils perdent de leur énergie dans des chocs avec les particules qu'ils rencontrent, en altitude ou au sol. C'est ainsi que la température augmente.

L'énergie de certains photons sera transformée par les végétaux en énergie de photosynthèse. D'autres longueurs d'onde rendent possible la création d'électricité dans les piles photovoltaïques. Seuls les photons avec des longueurs d'onde proches de l'infrarouge sont absorbés directement par notre peau, et génèrent cette délicieuse impression de chaleur. Qui n'est pas qu'une impression.

Voilà pourquoi en hiver, alors que la masse d'air est glaciale, le soleil nous réchauffe au point qu'on peut déguster un café en terrasse. Et même une glace.

Jusqu'à preuve du contraire…

Pourquoi...
... le jus de citron est-il fait de saveurs artificielles et le liquide vaisselle de vrai citron ?

On s'en fout un peu des arômes du liquide vaisselle, on en boit rarement. Alors que la saveur du jus de citron fraîchement pressé : quel régal !

Les industriels seraient idiots ou quoi ? Pas du tout. Mais ils connaissent la réglementation. La loi autorise de faire savoir qu'il y a du citron dans le liquide vaisselle, dès lors qu'un infime pourcentage entre dans sa composition. Au contraire, pour le jus de citron à boire, il est interdit de prétendre que c'est du « vrai jus » à partir du moment où des saveurs artificielles sont intégrées à la recette.

On peut donc mettre en avant le « vrai » citron du liquide vaisselle (0,1 % suffit), mais on est obligé de prévenir quand le jus de citron contient des « saveurs artificielles » (99 % n'est pas suffisant, il faut du 100 %, sucre excepté).

Démonstration sur cette bouteille de gel douche « au citron ». Il est indiqué en gros sur l'étiquette : « *L'efficacité des ingrédients naturels. Riche en vitamine C, le citron est réputé pour ses propriétés stimulantes.* » Sauf que la composition ne fait aucune mention de citron, ni de vitamine C. Prenez une loupe, et jugez plutôt ce sabir, recopié au mot près, et au format où on le déchiffre sur la bouteille :

> « INGREDIENTS : aqua, sodium laureth sulfate, glycerin, cocamidopropyl betain, sodium chloride, disodium cocoamphodiacetaten laurylglucoside, cocamide MEA, parfum, limonene, citral, polysorbate 20, sucrose cocoate, ceteareth-60, myristyl glycol, potassium sorbate, citric acid, polyquaternium-7, tetrasodium EDTA, methylisothiazolinone, CI 19140, CI 14720 »

Ça fait envie, non ?
Jusqu'à preuve du contraire…

Pourquoi…
… y a-t-il tant de Moine, Lemoine ou Leprêtre dans les noms de famille, alors que moines et prêtres ne peuvent théoriquement pas avoir d'enfants ?

Vous connaissez la vieille plaisanterie anticléricale : dans cette famille, ils étaient curés de père en fils…

Quand on sait qu'à l'origine les Leroux étaient roux, que les Charpentier étaient charpentiers, que les Pain étaient boulangers, il y a de quoi s'interroger sur la ferveur religieuse des Moine ou des Leprêtre.

La fixation des noms de famille a été rendue obligatoire par l'édit de Villers-Cotterêt, en 1539, qui demandait aux curés de tenir un registre des naissances et des décès. On s'est appuyé sur une longue tradition de différenciation des individus. Les gens n'étaient alors désignés officiellement que par leur prénom. Auparavant, l'usage consistait à donner des sobriquets, qui se transmettaient de génération en génération. Ce sont ces surnoms qui sont devenus les noms de famille que nous connaissons encore aujourd'hui, de Mignon à Vieux, en passant par Cocu puis Bâtard.

Or les Lemoine ou Leprêtre, contrairement à ce que le bon sens laisse présager, ne sont absolument pas de lignée ecclésiastique. C'était au contraire un surnom péjoratif. Certains moines, en effet, avaient fort mauvaise réputation.

Pensez aux descriptions de Rabelais : les moines y sont gras, mesquins et souvent stupides. Il en parlait en connaissance de cause, puisqu'il fut moine lui-même ! Était qualifié de moine ou de prêtre celui qui avait une tête de moine, quand bien même était-il puisatier.

Dans le même genre, un autre nom de famille classique, Leroy ou Roy, indique, non pas que son porteur est issu de royale semence, mais simplement qu'un de ses ancêtres a fait le pèlerinage de Compostelle.

Louis XXI peut respirer.

Jusqu'à preuve du contraire…

Pourquoi…
… n'y a-t-il plus de maréchal en France ?

« Maréchal ! Nous voilà ! » [Refrain—hélas—connu…]

Sans remonter à ces heures sombres, on pense aux maréchaux d'empire, qui ont donné leur personne à la France et leur nom aux boulevards qui entourent la seconde enceinte de Paris, celle des vingt arrondissements, qu'on appelle pour cette raison les boulevards des Maréchaux : Murat, Berthier, Brune, Davout, Massena, Kellerman, Lannes, etc.

Être nommé maréchal est la plus haute distinction militaire française et constitue une dignité dans l'État. Mais ce n'est pas un grade, comme colonel ou commandant. C'est un titre, symbolisé par sept étoiles, alors que le grade le plus élevé, général d'armée, n'a que cinq étoiles à l'épaulette. Même si c'est une loi non écrite, le titre de maréchal récompense uniquement des généraux ayant commandé une armée victorieuse. C'est ainsi que Foch ou Pétain sont devenus maréchaux après la Première Guerre mondiale.

Les derniers maréchaux français furent de Jean de Lattre de Tassigny, Philippe Leclerq de Hauteclocque et Alphonse Juin, élevés à ce rang après la Seconde Guerre mondiale, en 1952 ; et Pierre Kœnig à titre posthume en 1984.

Il n'y a plus de maréchal en France car les victoires militaires se sont faites rares ces dernières décennies. Bigeard a perdu Diên Biên Phu. C'est peut-être pour ça qu'il n'est *que* général.

Jusqu'à preuve du contraire…

Pourquoi…
… ne faut-il pas nourrir les animaux des parcs naturels ?

La première raison, qui tombe sous le sens, est que la nourriture laissée ne correspond pas forcément au régime idéal des animaux.

La seconde raison n'est pas moins évidente : ne pas faire de ces animaux des assistés. Comme l'enseigne Lao Tseu : si tu veux nourrir un homme un jour, donne-lui un poisson ; si tu veux le nourrir tous les jours, apprends-lui à pêcher.

Il existe une troisième raison, aux conséquences plus funestes.

Une étude a été menée auprès des babouins du Serengeti, le fameux parc naturel de la Tanzanie, à qui les visiteurs, malgré toutes les recommandations, persistent à laisser de la nourriture. Les babouins, du coup, ne consacrent pas plus de trois heures par jour à chercher de quoi manger. Et c'est là que les vrais ennuis commencent.

Dégagés de l'essentiel, les babouins se consacrent à l'accessoire. Ils se mettent à stresser pour des raisons que l'on qualifierait de futiles. L'énergie qu'ils ne dépensent plus pour leur survie, à la recherche de nourriture, ils la brûlent dans les rapports sociaux. Les problèmes hiérarchiques se multiplient et génèrent chez les primates des pathologies qui ne sont pas sans rappeler celles des humains : ulcères, hypertension, excès de cholestérol. « *Ils font des ulcères à cause de la complexité sociale* », résume le professeur Robert Sapolski, de l'université de Stanford. Qui déteste se fâcher avec ses collègues.

Jusqu'à preuve du contraire…

Pourquoi...
... les footballeurs brésiliens ont-ils des noms de footballeurs brésiliens ?

Quelle idée d'appeler son fils Kaka ! Et s'il n'y avait que lui. Par quel hasard les joueurs brésiliens ont-ils très souvent des noms de stars, ou ridicules, en tout cas, qui ne ressemblent à rien, à commencer par le plus grand : Pelé. Il y a aussi Zico, Sócrates, Raí ou Bebeto : c'est quoi ces blazes ?

En fait, contrairement à Zidane, Platini, Maradona, Beckham ou Messi, on n'appelle pas les stars brésiliennes par leur nom, mais par leur surnom.

Explications. Le Brésil a connu une immigration portugaise très importante. Or il se trouve qu'historiquement le Portugal abrite relativement peu de noms de famille différents : ce sont même souvent des combinaisons de deux ou plusieurs noms (Santos da Cruz). Un épisode historique a également sa responsabilité. Quand les Juifs furent expulsés d'Espagne en 1492, nombre d'entre eux se rendirent au Portugal où, moyennant finances, on les autorisa à s'installer. Quelques années plus tard, les Portugais changèrent leur fusil d'épaule : il fallait se convertir au catholicisme ou partir. Beaucoup de Juifs décidèrent alors de se faire baptiser (on les nomme les « marranes »). À cette occasion, on changea leur patronyme. L'inspiration fut bucolique : on leur affecta des noms d'arbres. C'est ainsi que l'on trouve tant de Oliviera (olivier), Peireira (poirier), Castagnera (châtaigner), Pinheiro (pin), ou plus généralement Da Silva (de la forêt). Ajoutez à cela un modèle mathématique éprouvé : à long terme, mariage après mariage, les noms rares ont tendance à disparaître, donc les noms les plus répandus à le devenir encore plus.

Transposée au Brésil, la statistique fut aggravée par le fait que c'était en majorité ces « nouveaux chrétiens » qui tentèrent l'aventure du Nouveau Monde.

Nous voici maintenant au XXe siècle. Des plages de Rio aux arènes de São Paulo, le football est devenu le sport national brésilien. Dans les matchs du dimanche, la situation commence à devenir compliquée, car, sur le terrain, se trouvent parfois plusieurs joueurs portant le même nom. On imagine l'embarras des commentateurs quand il y a trois Sousa et cinq Da Silva à surveiller ! Les surnoms sont donc apparus sur les feuilles de matchs, puis sur les maillots. Pelé par exemple. De son vrai nom Edson Arentès Do Nascimento, il a été appelé ainsi parce que, bébé, apprenant à parler, il a déformé le nom du gardien de but du club où son père l'avait emmené. Kaka est le surnom trouvé par son petit frère qui n'arrivait pas à prononcer son vrai prénom : Christian. Les sobriquets sont aussi parfois donnés en référence à d'autres joueurs, comme celui de Ronaldinho, diminutif du grand Ronaldo. D'autres surnoms sont plus parlants : Vampeta, Allan Delon, Pitbul…

Au Brésil, même le président de la République est désigné par son surnom : Lula. Et en plus, il est nul au foot.

Jusqu'à preuve du contraire…

Pourquoi…
… les scores d'élections tournent-ils toujours autour de 50-50 ?

Les pays occidentaux dénoncent avec raison les scrutins des démocraties « populaires » qui donnent invariablement gagnant le « bon » candidat. Comme le président tunisien Ben Ali, réélu avec 89,62 % des voix en 2008. Au Turkménistan, le président Berdimuhamedow s'est surpassé en 2007 : 89,23 % des suffrages. Mention spéciale à Paul Biya, le président du Cameroun, petitement élu avec 70,92 % en 2004, mais qui a battu à l'occasion un record mondial : un bureau de vote de Douala a établi en sa faveur un score de 106 %.

Une popularité qui fait rêver. Valéry Giscard d'Estaing a été élu en 1974 avec seulement 50,81 % ; Mitterrand avec 51,76 % puis 54,02 % en 1988 ; Chirac, 52,64 %, et enfin Sarkozy, 53,06 %.

Ce n'est pas sans poser certains problèmes. Difficile d'admettre que la gouvernance d'un pays entier ne dépende que de « quelques » voix—l'exemple extrême étant la première élection de George Bush, aux États-Unis, déterminée par 537 suffrages dans l'État de Floride.

Ce paradoxe verse certains dans la théorie du complot. C'est étrange en effet : statistiquement, par quel miracle une population se sépare invariablement dans l'isoloir en deux camps de même importance ?

Réponse en deux temps. Une fois qu'il a rassemblé son camp, tout candidat doit aller « draguer » dans le camp adverse, pour récupérer les petits 2 ou 3 % qui lui manquent pour obtenir la majorité des voix.

Il doit avoir son programme à lui, certes, mais aussi des mesures qui séduisent ses adversaires. La technique : chiper à l'autre camp quelques-uns de ses thèmes. On appelle cela la triangulation. Ainsi, Chirac a fait campagne en 2002 contre la fracture sociale (mesure de gauche). En 2007, Ségolène Royal a préconisé de recycler les anciennes casernes en centres pour mineurs délinquants (mesure de droite), pendant que Nicolas Sarkozy promettait de gouverner au nom des droits de l'homme et de l'écologie (valeurs de gauche).

Tout est affaire de compromis. Le résultat de ce positionnement suit une courbe de Gauss, reconnaissable à sa forme caractéristique en cloche. Plus un candidat se rapproche idéologiquement de l'autre camp, plus son score monte. Le maximum se situant justement au centre, aux alentours des 50 % :

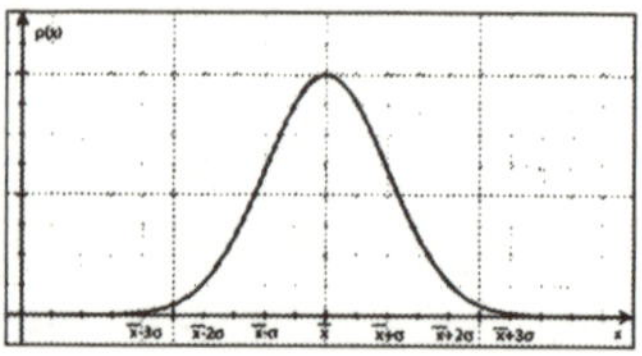

Les mathématiciens nous apprennent qu'une fonction gaussienne est une fonction en exponentielle de l'opposé du carré de l'abscisse. Du genre :

$$f(x) = \frac{1}{\sigma\sqrt{2\pi}} e^{-\frac{(x-\mu)^2}{2\sigma^2}}$$

(Je reconnais que ça peut paraître hermétique présenté ainsi, mais tout s'éclaire dès lors qu'on réalise que μ représente l'espérance mathématique, alors que σ est l'écart-type.)

Mais attention : ce qu'on gagne en x, on le perd en x^2. En clair : toute mesure supposée séduire le camp adverse peut en retour causer une désaffection au sein de vos propres troupes. Autrement dit : en même temps qu'Untel gagne dix voix à droite, il en perd cent à gauche. Et inversement.

Illustration lors de la campagne présidentielle de 2002. Lionel Jospin a voulu rassurer l'électorat conservateur en déclarant en direct à la télévision : *« Mon programme n'est pas socialiste. »* Le résultat fut calamiteux. Le peuple de droite a pris cet aveu pour une manœuvre et n'y a pas cru, tandis que le peuple de gauche, outré par ce renoncement aux valeurs historiques, a reporté ses voix sur les autres candidats de gauche, qui, eux, osaient s'en réclamer : Chevènement, Taubira, Buffet ou Besancenot. Verdict des urnes : donné favori par les sondages, Lionel Jospin n'a même pas été présent au second tour, qui s'est soldé par un duel Chirac/Le Pen déséquilibré (82,21 %).

À l'inverse, si vous privilégiez exclusivement votre propre camp, sans jamais aucun compromis, vous finissez comme les trotskistes ou les chasseurs, condamnés à rester marginaux, car trop éloignés des aspirations de tout un chacun.

Voilà pour l'enseignement des politologues. Il faut maintenant ajouter à cela le bouquet final : la logique des sondages et leurs correctifs. C'est peut-être le plus important.

Les statisticiens ont étudié la dynamique d'opinion et ont mis en évidence un mécanisme particulièrement intéressant : les comportements individuels dits « contrariants ». Pour faire simple, certaines personnes—de plus en plus nombreuses dans nos sociétés—fondent leurs choix politiques non pas sur des convictions, mais sur l'opposition au choix majoritaire des individus qui les entourent. En clair, ils votent pour le candidat donné perdant par les sondages. Dès lors que l'on se trouve dans une compétition entre deux camps, ces électeurs peuvent basculer vers un bord ou l'autre en fonction des événements, tendant à équilibrer le résultat de l'élection. Et comme une élection se joue à quelques pourcentages d'écart, cela suffit à nous ramener à 50 %.

Rappelez-vous le référendum européen de mai 2005. Pendant un an, tous les sondages annonçaient le *oui* vainqueur. C'est le *non* qui l'a emporté (55 %).

Pour tout ce qui est contre, contre tout ce qui est pour.

Jusqu'à preuve du contraire...

Pourquoi…
… a-t-on la chair de poule ?

Brrr…

L'horripilation, comme l'appellent savamment les savants, est possible grâce à un petit muscle fixé à la base du poil. Ce processus fait partie de l'arsenal du corps humain pour conserver autant que faire se peut une chaleur constante.

Ici, on tente de prendre le problème à la base : des capteurs situés sur la peau, certains sensibles au froid et d'autres au chaud, sont chargés de détecter les changements de la température extérieure. Quand c'est le cas, ils « préviennent » l'hypothalamus qui déclenche le redressement des poils, la « chair de poule ». Ce réflexe permet de créer entre les poils et la peau une pellicule d'air à température du corps pour éviter le refroidissement.

Voilà pourquoi la chair de poule est à la fois une sensation désagréable—on a froid—, en même temps qu'agréable —on a chaud.

Cela devait très bien fonctionner sur les hommes des cavernes, qui étaient plus velus que maintenant. La femme des cavernes, elle, refusait de s'épiler.

Jusqu'à preuve du contraire…

Pourquoi…
… faut-il nettoyer à sec les imperméables ?

Sec / imperméable : humour !

Pour être imperméables, les tissus des manteaux du même nom sont traités. Un peu comme les plumes des canards, ils sont recouverts d'une substance hydrofuge, littéralement « qui fuit l'eau ». Ce sont des produits ou molécules qui interdisent aux molécules d'eau de s'accrocher. On retrouve le même fonctionnement que pour la mayonnaise, dans laquelle la lécithine joue le rôle de lien entre l'eau et l'huile, formant l'émulsion.

Or c'est cette substance qui pose problème. En effet, elle est sensible aux détergents, savons et autres solvants. C'est pourquoi il faut lui appliquer un traitement particulier.

Ne tentez pas d'économiser le pressing en passant votre imper au lave-linge. Dans le tambour de la machine, les molécules de lessive vont alors jouer le rôle de lien entre l'eau et le produit hydrofuge. Au moment du rinçage, tout va partir en même temps dans le siphon !

Et l'imperméable n'aura plus d'imperméable que le nom.

Jusqu'à preuve du contraire…

Pourquoi…
… rit-on parfois pendant les enterrements ?

Ce fut une image forte des funérailles de Michael Jackson. Pendant la cérémonie du Staples Center, La Toya Jackson, sa propre sœur, ne put réprimer un fou rire devant des centaines de millions de téléspectateurs, en mondovision.

Certains vous parleront de la tension à évacuer, de cette provocation inconsciente qui de la même façon (mais moins inconsciemment) déclenche le fou rire en classe, à la douane, ou au service militaire. Ce n'est pas faux. Mais ce n'est pas non plus l'explication complète.

Boris Cyrulnik, qui travaille depuis longtemps sur les rapports entre neurologie et psychologie, l'explique de la manière suivante. Malgré leur éloignement philosophique, malheur et bonheur sont cérébralement proches. C'est-à-dire que les zones stimulées dans un cas comme dans l'autre sont voisines, et que les influx nerveux peuvent les exciter indifféremment lorsque les émotions sont violentes. C'est ce qu'ont révélé des études menées notamment par la neuro-imagerie, des photos du cerveau produites grâce à un scanner à résonance magnétique nucléaire.

Le mensuel *Psychologies Magazine* (qui s'y connaît en poilade) va plus loin : *« C'est aussi pourquoi, lors d'une rencontre amoureuse, un moment avec une personne épanouissante, voire un simple mot agréable nous font instantanément passer du désespoir au bien-être. »*

Mieux vaut un fou rire aux funérailles que fondre en larmes à l'Opéra-Comique.

Jusqu'à preuve du contraire…

Pourquoi…
… la peau des mains et des orteils se fripe-t-elle dans le bain ?

Peut-être lisez-vous cet ouvrage dans le bain. Dans ce cas, ça ne va pas louper : au bout d'un certain temps d'immersion dans l'eau tiède, les phalanges se fripent, parfois avec une sensation désagréable, principalement à l'extrémité des doigts, la plus petite, la phalangette. C'est souvent là le signal du départ : il est temps de quitter la baignoire et de reprendre une activité normale.

La peau est un organe à part entière, elle sert autant à nous protéger qu'à nous transmettre des informations, elle laisse passer la chaleur (dans les deux sens), et certaines molécules (dans les deux sens aussi). Elle est constituée de trois couches—l'épiderme, le derme et l'hypoderme—qui ne sont pas de densité égale. Là réside l'explication.

Lorsque l'on reste de manière prolongée dans l'eau, l'épiderme s'imbibe et gonfle. Le derme, lui, est plus dense, il absorbe donc moins de liquide. C'est cette différence qui entraîne le plissement de l'épiderme. On peut remarquer que les plis sont toujours dans le sens de la longueur. Cela s'explique par le fait que la peau est plus tendue dans ce sens.

Mais pourquoi cela ne se produit-il pas sur tout le corps ? Tout simplement parce que le reste du corps étant plus vaste, la peau a proportionnellement plus de souplesse. La peau étant moins tendue, le gonflement est mieux réparti et ne se remarque pas comme sur les phalanges ou les orteils. Il se remarque d'autant moins que l'extrémité des doigts est la zone corporelle qui dispose du plus grand nombre de capteurs sensoriels. Et non pas ce que vous croyez.

Jusqu'à preuve du contraire…

Pourquoi…
… n'y a-t-il pas de mammifères verts ?

La couleur des mammifères, comme celle de la plupart des espèces, correspond à celle qui leur permettra au mieux d'échapper à leurs prédateurs. C'est ainsi que les teintes les plus répandues oscillent du gris au marron en passant par le beige, pour se fondre dans la savane, la steppe, la forêt, les cailloux, le sable du désert…

Pourquoi pas le vert, que l'on trouve pourtant en masse dans la nature, c'est le moins que l'on puisse dire ? Parce que ce qui est vert dans la nature ne le reste pas forcément toute l'année. C'est bien beau de se cacher au printemps, mais si c'est pour se faire bouffer en été ou en hiver, aucun intérêt.

Les chasseurs noteront aussi que les mammifères qui vivent en forêt sont rarement posés sur les branches en général—à l'inverse des oiseaux, chez qui on trouve souvent du vert—, mais fraient soit par terre, soit accrochés aux troncs. On peut d'ailleurs reconnaître ceux qui vivent dans les arbres à une couleur brun-gris, alors que les terrestres seront plutôt gris-roux, bruns, jaune-fauve. Le gris est réservé aux rochers, tandis que le jaune isabelle est la couleur des steppes. Sans oublier, bien sûr, le blanc de la banquise.

Résumons : les mammifères ne sont pas verts, car ils ne veulent pas se faire remarquer.

Même le singe vert d'Afrique est gris-marron-jaune (*Chlorocebus aethiops*).

Le lézard vert, c'est un autre problème, et ce n'est pas un mammifère.

Jusqu'à preuve du contraire…

Pourquoi…
… les pages jaunes sont-elles jaunes ?

Pour que le papier jaunisse moins vite ? Ben non. S'il y a bien un listing qui change tout le temps, c'est l'annuaire professionnel.

C'est aux États-Unis que les premières pages jaunes voient le jour. La Wyoming Telephone Company demande en 1883 à un éditeur-imprimeur local de créer le premier annuaire. Or cet imprimeur n'a plus de papier blanc, mais un stock de papier jaune. Qu'à cela ne tienne. On fera avec. L'annuaire connaît un grand succès, et ce sont les utilisateurs qui lui donnent leur nom : *the yellow pages*. En 1886, un certain Reuben Donnelley améliore l'idée : il sépare les particuliers, classés par noms, et les pros, classés par domaines d'activité. Pour s'y retrouver encore plus facilement, il affecte à chaque catégorie une couleur : pages blanches et pages jaunes.

Quand les annuaires s'exportent, c'est tout naturellement qu'ils suivent ce qu'ils croient être une règle. Le premier annuaire téléphonique français a été publié en 1889 par la Société Générale du Téléphone. Il répertoriait 6 425 abonnés et réservait déjà des pages jaunes aux professionnels. Ces mêmes pages jaunes existent désormais dans cinquante-neuf pays dans le monde.

Internet n'a pas encore tué l'imprimerie. En 2009, 60 % des Français de plus de quinze ans avaient consulté le site pagesjaunes.fr (76,9 millions de visites par mois selon Médiamétrie), mais encore davantage, 69 %, l'annuaire papier.

Pourvu que l'ordinateur ne remplace pas les coups de Bottin sur la tête pendant les gardes à vue. Ça pourrait faire encore plus mal.

Jusqu'à preuve du contraire…

Pourquoi...
... les Chinois ont-ils les yeux bridés ?

Cela ne vous a pas échappé, ils ont tous les yeux bridés : les Chinois, les Japonais, les Asiatiques, les Esquimaux, et Mister Magoo. Pourquoi ?

La première raison est qu'ils viennent tous, à l'origine, de Sibérie orientale. Retournons un million d'années en arrière. C'est à cette lointaine époque que la dispersion géographique a commencé et que les caractéristiques physiques se sont distinguées. L'humanité passait de l'*Homo habilis* à l'*Homo erectus* (les ancêtres de l'*Homo sapiens* que nous sommes tous). C'est l'*Homo erectus* qui est sorti d'Afrique, il y a donc un million d'années. Certains groupes sont allés s'installer dans ce qui est aujourd'hui la Sibérie, et y ont développé cette caractéristique des yeux bridés : tous ceux qui ont les yeux bridés viennent de Sibérie.

Très bien. Mais vous allez me dire qu'ils auraient pu avoir d'autres attributs, au hasard des grandes oreilles, ou les pieds plats. Pourquoi les yeux bridés ?

Qui dit dispersion géographique dit adaptation à différents climats. Les yeux bridés illustrent un parfait exemple de cette adaptation, qu'on appelle en termes savants le « pli épicanthique ». Il a pour particularité de protéger l'œil de la forte réverbération du soleil sur la banquise. Les scientifiques parlent également de « masque de froid » : pli de graisse des yeux, visage aplati et nez court diminueraient aussi les risques de gelures du visage.

Plusieurs centaines de milliers d'années plus tard, les descendants de ces peuples ont migré à leur tour. Ce sont eux qui ont colonisé l'Orient puis l'Extrême-Orient. Mais pourquoi leurs traits sont-ils restés les mêmes, alors que, Esquimaux mis à part, les hommes ont ensuite changé de région et n'ont plus besoin de se protéger des blanches lumières de la banquise ?

Des recherches sur ce que l'on appelle la « dérive génétique »—c'est-à-dire l'évolution des espèces sans cause déterminée—ont montré que lorsqu'un groupe peu nombreux reste isolé, les différences entre ses membres s'effacent peu à peu (comme par exemple en Chine, territoire « protégé » par la chaîne himalayenne et les immenses plaines d'Asie centrale). Les caractéristiques communes prennent le pas sur les particularités individuelles ; et cela tant que cette population n'a pas rencontré un groupe différent.

L'homme de Pékin, ou Sinanthrope, peuplait la péninsule chinoise depuis 500 000 ans au moins. C'est lui qui a inventé le feu. Pour Mister Magoo, c'est une autre histoire.

Jusqu'à preuve du contraire…

Pourquoi…
… les fakirs ne se brûlent-ils pas les pieds en marchant sur des braises ?

C'est impossible ! C'est truqué ! Remboursez !

Quand on les voit dans Tintin ou à la télé, on se dit que le fakir est un illusionniste. Quand on le voit en vrai, on souffre pour lui. Il traverse réellement pieds nus un champ de braises. Même pas mal !

Alors, force de l'esprit ? Maîtrise des éléments ? Concentration extrême ? Nenni ! Seulement la bonne application de quelques principes de physique.

Cinq éléments se conjuguent pour rendre cet exploit réalisable.

Le premier facteur, pas si anecdotique, est l'épaisseur de la peau de la plante des pieds. À force de marcher pieds nus, on a vite fait de l'endurcir et de se fabriquer de la corne.

Ensuite, l'effet sphéroïdal ou caléfaction, que l'on a déjà rencontré dans ces pages. C'est ce qui explique que l'eau, sur une poêle très chaude, ne s'évapore pas tout de suite. La pellicule superficielle se transforme immédiatement en vapeur, qui isole de la chaleur—cela ne dure pas des heures, mais on gagne un peu de temps.

Le troisième facteur est la conductivité thermique des charbons sur lesquels on marche. Des matériaux différents portés à la même température ne transfèrent pas leur chaleur de la même façon. On peut mettre sa main rapidement dans un four chaud, mais on évitera de toucher le plat qui est dedans. Les braises, avec certains types de bois, ont une capacité calorifique relativement faible. Le fakir prendra soin de choisir l'essence idoine.

En outre, en marchant sur un morceau de charbon, on stoppe l'arrivée de l'oxygène à sa surface, donc on stoppe l'incandescence.

Dernier élément : le temps pendant lequel la plante du pied est en contact avec la braise. Il est en réalité très faible, de l'ordre de la seconde.

Voilà pourquoi même les cadres en cravate parviennent à marcher sur des braises lors de leurs fameux séminaires de motivation, facturés hors de prix par des gourous… du marketing.

Jusqu'à preuve du contraire…

Pourquoi…
… le lapin bouge-t-il son nez ?

Civet ou civet pas ?

Jeannot Lapin serait-il un descendant de ma sorcière bien-aimée ?

Aurait-il l'odorat si fin qu'on pourrait l'utiliser pour remonter des pistes ?

Saurait-il détecter l'odeur de la carotte à des kilomètres à la ronde ?

Rien de tout cela. Et pourtant, il remue. Son nez.

En fait, l'explication est technique. Dans le nez du lapin se trouvent des glandes qui produisent une odeur, spécifique à chaque animal. Ainsi, le lapin, en remuant le nez, répand dans l'atmosphère son parfum à lui qui se dépose sur les végétaux environnants. Une façon de signifier, assez classiquement, que ce territoire est le sien.

Jusqu'à preuve du contraire…

Pourquoi…
… peut-on avoir une pizza à la maison plus vite qu'un médecin en urgence ?

C'est vrai, c'est dingue ça, quand on y pense !
Jusqu'à preuve du contraire…

Pourquoi...
... les vestes des trappeurs ont-elles des franges ?

Pas seulement les vestes des trappeurs : on trouve également des franges sur certaines selles de Harley Davidson, ou sur les bikinis bien remplis des héroïnes de Russ Meyer. Pourquoi cette mode ?

Nous voici au début du XVIIe siècle. À la cour de France, les hommes portent l'épée, des perruques et des bas ornés d'or. Le 14 mai 1610, Ravaillac assassine Henri IV quand, en Amérique du Nord, les premiers trappeurs s'enfoncent seuls dans les bois. Ils chassent les animaux pour leur viande et surtout leur fourrure grâce à des trappes, autrement dit des pièges.

Ils apprennent également leur art de ceux qui le pratiquent depuis des siècles : les « Indiens ». En même temps qu'ils se combattent, Indiens et trappeurs apprennent à vivre ensemble. Ils acquièrent, au fil du temps, la même expérience de la forêt, et partagent ce qui peut leur faciliter l'existence. Les Indiens se mettent ainsi à la chasse au fusil, et les trappeurs adoptent des habitudes d'habillement. Les vestes des Indiens, en cuir souple et solide, sont particulièrement adaptées à la chasse. Elles comportent des franges qui permettent d'accrocher les peaux des animaux trappés. Les franges sont également un élément décoratif, on retrouve dans les parures de cérémonie des franges décorées de perles.

Alors qu'est passée la Révolution française, un des plus célèbres trappeurs, David Stern Crockett, dit Davy Crockett, est élu au Congrès américain. Nous sommes en 1827. Il y siège en veste à franges. Il s'oppose à l'ouverture de nouvelles terres à la colonisation, protégeant ainsi ses amis indiens. Il devient un héros. Peut-être le premier grunge de l'histoire : « *Come as you are* », chantait Kurt Cobain.

De nos jours, les Hell's Angels entretiennent la tradition. Il paraît que les franges sont commodes pour accrocher les canettes de bière.

Jusqu'à preuve du contraire…

Pourquoi…
… les bananes n'ont-elles pas de pépins ?

Vous n'allez pas me croire : la banane est un animal sauvage ! Enfin presque. Les bananiers ont été domestiqués par l'homme. En tout cas ceux qui portent les bananes que nous mangeons.

L'origine de la domestication des bananes est sujet à controverse. Les dernières recherches tendent à prouver qu'elle a commencé il y a dix mille ans, la plante étant originaire d'Asie du Sud-Est. On parle aussi d'une domestication au Cameroun il y a deux mille cinq cents ans. En fait, il n'est pas exclu que les deux informations soient vraies, puisque des groupes différents ont pu avoir la même idée…

Les hommes n'ont jamais cessé, comme pour bien d'autres espèces, d'améliorer le produit en croisant les variétés : c'est ainsi que l'on définit la domestication des plantes, entamée bien avant l'invention de la manipulation génétique.

Les bananiers ne sont pas des arbres, mais des herbacées. Ils peuvent atteindre neuf mètres de hauteur, tout de même… Ils se reproduisent par rejet des racines, un peu à la manière des bambous par exemple. C'est la mise en avant de cette caractéristique, grâce à des croisements entre différentes variétés de bananiers de manière à combiner les propriétés intéressantes, qui a permis d'aboutir à des variétés sans graines, donc sans pépins. Pour former des fruits sans fécondation, le bananier domestiqué a une particularité : son patrimoine génétique comporte trente-trois chromosomes (trois fois onze), alors que les bananiers sauvages en ont onze paires—et les bananes sauvages sont pleines de graines.

Prochain axe de recherche : des peaux de bananes non glissantes.

Jusqu'à preuve du contraire…

Pourquoi…
… l'éponge éponge ?

Les éponges, que l'on a longtemps prises pour des plantes, sont en fait des animaux. Simples. Mais alors très simples. C'est à peine si elles ont quelques cellules nerveuses, çà et là… Le squelette de ces bestioles, la spongine, est résistant et élastique. Autour de lui se greffent des cellules—sorte de peau d'un côté, et multitude de petits flagelles de l'autre—, que l'éponge peut agiter. Cela lui sert à se nourrir. Le principe de base de la survie de l'éponge, en effet, est que l'eau la traverse. Elle « prend » au passage les nutriments dont elle a besoin. C'est pour cela que son squelette a développé une particularité. La spongine peut garder l'eau le temps que les échanges se fassent. Des milliers de petites poches se gonflent de liquide, grâce à l'élasticité des tissus.

La dénomination scientifique de l'éponge est *Porifera*, du latin *porus*, signifiant « pore, petit trou », et du verbe *ferre*, signifiant « porter ».

C'est donc ainsi que l'éponge éponge.

Jusqu'à preuve du contraire…

Pourquoi…
… les ados ont-ils toujours l'air fatigué ?

Parce qu'ils le sont, tiens…

Parce qu'ils se couchent à « pas d'heure », comme disait ma grand-mère. On peut ajouter ces questions subsidiaires : pourquoi l'ado est-il tout mou, pourquoi a-t-il toujours faim, pourquoi rit-il bêtement ?

En février 2010, un congrès d'endocrinologues s'est tenu à Lyon pour faire le point des dernières connaissances autour de cette curieuse silhouette en forme de S (genoux pliés, dos avachi, tête pendante) ; pas le énième jus de cerveau de psys et autres spécialistes de la jeunesse, non, un symposium scientifique intitulé *« Les ados ont les glandes »*. L'endocrinologie est la science qui étudie les hormones, leurs fonctions et leurs dérèglements. Les scientifiques se sont justement penchés sur ce « chaos hormonal ».

Le professeur Sultan, chef du service d'endocrinologie pédiatrique et du service d'hormonologie du CHU de Montpellier, a mis en avant l'épidémie de « puberté précoce » à laquelle nous assistons. C'est un problème lié à la pollution hormonale et aux changements d'habitudes alimentaires. Ainsi, par exemple, une consommation excessive de soja, qui contient de fortes quantités de phytœstrogènes, peut avancer la puberté chez les filles.

Car, bien sûr, dans la puberté, tout est une question d'hormones.

Si l'adolescent est mou pendant la journée, mais qu'il se réveille après le dîner pour tchater toute la nuit sur Internet, c'est pour cette raison. « La puberté est une période d'inondation hormonale », résume le professeur Charles Sultan. Un tsunami qui cause des boutons mais provoque aussi un vif intérêt pour la chose sexuelle. Le taux d'œstrogènes est multiplié par quarante chez la fille, la testostérone par soixante chez le garçon.

Et s'il n'y avait que les hormones sexuelles… Comptez aussi avec les pics d'hormone de croissance, en soirée, qui le réveillent comme un sang de puce—contrastant avec son apathie de la journée. S'y superpose un retard de production de mélatonine, l'hormone du sommeil, qui normalement se déclenche en fonction de la baisse de la luminosité. L'adolescent vit donc en décalage horaire permanent, obligé qu'il est de se lever à l'aube pour aller en cours. D'où une tendance à s'avachir dès qu'il en a l'occasion.

Autre facteur d'épuisement : la croissance, qui représente un effort immense pour le corps. Un adolescent peut grandir de 15 cm en un an ! Pour faire face, il doit avaler de 3 000 à 3 500 calories par jour, alors que les besoins d'un adulte sont de 2 000 calories seulement. On imagine ce que cela peut représenter en termes de dépense d'énergie. De quoi avoir envie de dormir en permanence.

En ce qui concerne le rire bête, la question est encore à l'étude.

Jusqu'à preuve du contraire…

Pourquoi…
… le papier A3 est-il plus grand que le A4 ?

La taille 38 est moins fine que le 36, le Boeing 747 surpasse le 707, et l'Audi A8 est plus grosse que l'A4 ! Qu'est-ce que c'est que cette embrouille ?

Le principe du format de papier de la gamme A, c'est le pliage. En partant de la plus grande feuille, on obtient les autres en pliant en deux le côté le plus grand. C'est ainsi que le rapport entre la hauteur et la largeur est toujours le même :

Hauteur = largeur x $\sqrt{2}$.

Le point de départ de la gamme est une feuille de un mètre carré. Soit un format de 84,1 cm x 118,9 cm. Pliée en deux, on a donc deux feuilles de 59,4 cm x 84,1 cm. Et ainsi de suite. Le chiffre placé après le A indique le nombre de pliages à partir du format de départ, appelé par convention A0.

Le A3 a un pliage de moins que le A4 : c'est donc un format plus grand. Un bon point de départ pour draguer à la photocopieuse.

Jusqu'à preuve du contraire…

Pourquoi…
… ne faut-il pas dire un soi-disant canard ?

Inutile de se moquer de ce pauvre animal. Un canard ne peut pas parler. Il ne peut donc rien dire de lui, ni en bien ni en mal.

S'il ressemble trop à une bécasse, on ne dira plus un « soi-disant » mais un « prétendu » canard.

Le plus bête des deux n'est pas toujours celui qu'on croit.

Jusqu'à preuve du contraire.

Pourquoi…
… les présentatrices télé ont-elles l'air cruche ?

Pas de polémique. Je ne vais citer personne, et procéder par antiphrase. Il est indéniable que dans l'imaginaire collectif, les filles de la télé—journalistes mises à part—n'incarnent pas la quintessence de l'intelligence, ni une abyssale culture encyclopédique. Même s'il existe d'admirables exceptions qui confirment la règle.

Comment expliquer ce travers ?

Pardonnez-moi d'être un brin personnel. Pour connaître un peu le milieu de la télévision, je me permets de réfuter par avance le machisme supposé, conscient ou inconscient, des directeurs de programmes. Ce sont même souvent des directrices, et féministes de surcroît. Alors pourquoi ?

C'est mathématique. Une question de probabilités.

Mettons-nous dans la peau d'un recruteur de présentatrice. Il cherche une jolie fille, intelligente, compétente et motivée.

Reprenons : jolie ? Disons une chance sur dix (n'ergotons pas : admettons que c'est à la louche la probabilité de tomber sur une fille vraiment belle, avec un corps impeccable).

Vraiment intelligente ? Une chance sur dix.

Compétente ? Une chance sur dix (elle peut s'avérer brillantissime, mais avoir fait pharmacie alors que la chaîne lance un *show* de *speed-dating*).

Et tout cela parmi les filles qui postulent, soit une fille sur cent. Oui : en général, quand une fille magnifique est à la fois compétente et brillante, elle ne se voit pas démarrer dans la vie par le tirage du Kéno.

Or les probabilités ne s'additionnent pas, mais se multiplient.

Posons : 1/10 x 1/10 x 1/10 x 1/100 = 1/100 000. Voilà le résultat : une chance sur cent mille de trouver une fille belle, intelligente et qui veuille faire ce métier, sans jouer les potiches…

Mais alors, pourquoi la question ne se pose-t-elle pas pour les hommes à la télé ? Eh bien, parce qu'on ne leur demande pas d'être beaux ! Ils sont donc dix fois plus nombreux sur la ligne de départ. Et s'il n'y avait que le critère esthétique (subjectif par définition)… Mais se rajoute à cela le facteur de l'âge. Prenez un programme télé, comptez le nombre de présentateurs de plus de cinquante-cinq ans à la tête d'une émission : ils sont légion. Comptez le nombre de femmes de plus de quarante-cinq ans (même pas de cinquante-cinq) : elles sont une infime minorité.

Philippe Gildas a présenté *Nulle Part Ailleurs* bien après la soixantaine, avec son pif de Breton et ses grandes oreilles à peine cachées par sa vraie-fausse moumoute grisonnante. Vous imaginez une grand-mère avec le même profil aux commandes d'un *talk-show* branché ?

Françoise Giroud avait prévenu : *« La femme sera vraiment l'égale de l'homme le jour où à un poste important, on désignera une femme incompétente. »*

Nous n'y sommes pas encore, hélas !

Jusqu'à preuve du contraire…

Pourquoi…
… les GPS ne sont-ils pas plus précis ?

Merveilleuse invention. Les GPS nous indiquent la route. Gain de temps. Mais aussi baisse de la pollution, car on tourne moins en rond en se perdant ; également moins de disputes dans les couples, avec l'un au volant, et l'autre qui tient la carte.

« Dans trois cents mètres, tournez à droite. Tournez à droite. Tournez à droite ! » Mais il n'y a pas de route, à droite… Elle est un peu plus loin.

Qui n'a pas connu d'épisode loufoque avec son GPS, qui fait prendre des rues improbables, qui ne sait pas exactement où on est sur le rond-point, ni sur quelle file d'autoroute, alors qu'il y a parfois trente mètres de battement ?

Ces trucs électroniques, c'est pas encore vraiment au point, fulminent les grincheux. Mais l'explication n'est pas là. Pas du tout. Ce n'est pas une erreur de système, et les limites de la technique sont loin d'être atteintes.

C'est une question de pouvoir, tout simplement.

Voilà des siècles que les cartes et les plans sont un enjeu de premier ordre. L'empereur du Japon, par exemple, était le seul à détenir une carte du pays. Du temps de l'URSS, il était impossible de trouver à la vente un plan de Moscou. Maîtriser l'espace confère un avantage indéniable.

Revenons au GPS : ces initiales signifient *Global Positioning System*. C'est une technologie américaine qui fonctionne grâce à une constellation de vingt-quatre satellites tournant à 20 200 km au-dessus de la Terre. Si le système n'est pas plus précis, c'est que nous l'utilisons dans la version « grand public ». C'est un outil lancé par le Département de la défense américain, qui ne souhaite absolument pas que ses informations soient à la portée de tout le monde, c'est le cas de le dire. Donc les militaires réduisent les capacités. Mais quand l'US Navy ou l'US Air Force l'utilisent, il semble que la précision soit de l'ordre d'un pouce (2,5 cm).

L'Europe s'est lancée dans un projet d'envergure, Galileo, destiné à supplanter le système américain à partir de 2014. On n'est jamais mieux servi que par soi-même.

Jusqu'à preuve du contraire…

Pourquoi…
… le son se propage-t-il moins vite que la lumière ?

Pour que l'on puisse savoir à quelle distance est l'orage ? Mais non, voyons. Ça, c'est la conséquence…

Le son et la lumière ne sont absolument pas de même nature, bien qu'on les associe souvent comme dans le mot « audiovisuel ». La lumière, c'est de l'énergie en mouvement. Des photons qui se déplacent à 300 000 kilomètres par seconde. Les photons, particules élémentaires, ont une masse nulle, aucun frottement ne les ralentit.

Le son, lui, est une onde qui se déplace : une molécule vibrionne et transmet ce mouvement à la suivante, qui s'agite à son tour, et ainsi de suite. Les bruits proviennent à nos oreilles *via* ce déplacement d'air, ce qui est beaucoup plus lent. Pourquoi ? Parce que les molécules qui composent l'air, aussi légères soient-elles, ont une masse. Il leur faut plus de temps qu'aux photons pour se mettre en mouvement. Ces temps de latence additionnés ont une influence considérable sur la vitesse de propagation du son : 340 mètres par seconde aux conditions normales de température et de pression. Pour être rigoureusement orthodoxe, précisons que la lumière a une vitesse, et le son, une célérité : c'est un signal sonore qui se déplace, pas une quantité de matière. Quand vous êtes à l'opéra, vous ne recevez pas de molécules crachées par la cantatrice ou le basson.

Comme disait Jean Yanne : « *C'est parce que la vitesse de la lumière est plus rapide que celle du son que certains ont l'air brillant avant d'avoir l'air con.* »

Jusqu'à preuve du contraire…

Pourquoi…
… les maires ne parviennent-ils pas à limiter la présence des chiens en ville ?

La France est l'un des pays où le nombre de chiens par habitant est le plus élevé. Nous comptons en effet 8,1 millions de chiens, soit 137 toutous pour 1 000 habitants. Il y a davantage de chiens en France que de Suisses dans le monde, et ils sont deux fois plus nombreux que les Irlandais ! Au fil des ans, les chiens sont toujours aussi nombreux, voire davantage…

Pourtant, en ville, beaucoup d'habitants dénoncent les déjections canines sur les trottoirs comme une réelle nuisance (22 % à Paris, selon le chiffre officiel de la mairie). Ça fait du monde qui râle, 22 % : 484 000 Parisiens ! Et je ne parle pas de l'impact sur les impôts locaux. Songez à toutes les communes de France, comptez le nombre d'agents, d'heures de travail, et de véhicules spécialisés dévolus à cette tâche. Surtout quand on sait qu'au registre du ramassage, le kilo de crottes de chien revient plus cher que le kilo de caviar !

Et pourtant, les maires ne parviennent pas à limiter le nombre de chiens en ville. Pour quelle raison ?

Simple : s'ils n'y parviennent pas, c'est qu'ils n'ont pas très envie de le faire. Parce que les possesseurs de chiens sont majoritairement des personnes âgées. Or les personnes âgées sont celles qui, proportionnellement, sont les plus assidues lors des élections. Il convient donc de les ménager. D'où une politique « canine » particulièrement clémente. On a souvent moqué les moto-crottes de Jacques Chirac, maire de Paris. Ça le faisait doucement rigoler : il n'a jamais perdu une élection municipale.

Inversement, il a fallu attendre des années pour qu'on installe une rangée de barrières au ras du sol, au bas des glissières de sécurité sur les autoroutes et le périphérique. Les motards qui chutaient s'encastraient dans les piliers, dans l'indifférence générale. Pour quelle raison ? Parce qu'ils ne votent pas. Le « motard en colère » est un rebelle qui a parfois mieux à faire le dimanche. Je le laisse méditer ce beau slogan des années 1960 : si tu ne t'intéresses pas à la politique, la politique s'intéresse à toi.

Jusqu'à preuve du contraire…

Pourquoi…
… les héros de *Star Trek* voyagent-ils par téléportation ?

Fin d'après-midi. Vous rentrez à la maison, fourbu. Le téléphone sonne. Un ami vous invite pour l'apéro, ou à un vernissage de poteries, ou à une soirée diapo. Tentant, et en même temps flemme de ressortir. Et là vous soupirez : si seulement je pouvais me téléporter…

Question transports, la téléportation est devenue le fantasme ultime. Pas de place de parking à chercher, jamais de points en moins sur le permis, excellent bilan carbone. Et quelle rapidité surtout !

Avec les oreilles du capitaine Spock, la téléportation a fait la légende de la série *Star Trek*. Scotty aux commandes, le capitaine Kirk pouvait se retrouver immédiatement sur n'importe quelle planète qu'il souhaitait visiter. Trop facile !

La téléportation a été un pilier de la série durant sa courte vie. Créée en 1966, elle s'arrêta en 1969, faute d'audience. C'est par la suite, rediffusion après rediffusion, que *Star Trek* connaîtra le succès pour devenir une série culte—au sens propre du terme, car il y a un culte autour de *Star Treck*. En grande partie grâce à cette invention géniale des scénaristes.

Mais comment l'idée leur est-elle donc venue ?

Déjà, il fallait un moyen de faire débarquer l'équipage sur les différentes planètes. Le vaisseau *Enterprise* qui dérive dans le vide intersidéral est trop gros et lourd pour se poser en milieu hostile. Il fallait donc une petite navette. Sauf que la production avait passé tout son budget déco dans la rutilante maquette de l'*Enterprise.* Eh oui, un cruel manque d'argent rendait impossible la reconstitution de vaisseaux d'atterrissage. D'où l'idée de la téléportation, un trucage à deux balles, c'est le cas de le dire. On filme Kirk dans un tube en Plexiglas. Un coup de fumée. On coupe la caméra. Le comédien sort du champ. On rallume la caméra. Le tour est joué : il a disparu, le cap'tain a été téléporté ! Pour son arrivée sur la planète XB23, suffit de refaire l'opération en sens inverse…

Le terme lui-même date de 1934, inventé par Charles Fort, un auteur visionnaire, et le procédé avait été utilisé dans les aventures de Buck Rogers, le premier héros de science-fiction de l'histoire, créé en 1928. Mais c'était dans un *comic strip*, une bande dessinée.

Dans la BD, on ne se téléportait pas pour des raisons économiques. Juste pour faire rêver. Et ça fonctionne encore.

Jusqu'à preuve du contraire.

Pourquoi…
… les Anglais ont-ils les dents qui avancent ?

Voilà une question bien délicate à traiter. Loin de moi l'idée de vouloir blesser qui que ce soit. Mais il faut bien admettre que dans le bestiaire populaire, les Anglais (et les Anglo-Saxons parfois, nous allons voir pourquoi) ont les dents qui avancent. Les traitements orthodontiques s'étant démocratisés, c'est moins sensible de nos jours, mais les images ont la vie dure…

L'explication est simple : ils parlent trop.

La langue anglaise, comme toutes les autres langues, connaît des particularités de prononciation. Celle qui nous intéresse ici est le fameux *th* que des générations d'écoliers français se sont évertuées à reproduire, en appuyant la langue sur les dents. *Thhh !…*

Des scientifiques ont fait les comptes. Pas les cons, les comptes. Quoique… En anglais, on compte en moyenne trois *th* par phrase. Sachant qu'un locuteur moyen prononce environ dix phrases à la minute, et que l'on parle, selon les cas, entre cinq et dix heures par jour, cela fait en moyenne 3 x 10 x 60 x 7,5, soit 13 500 *th* par jour. Ou encore 4 927 500 par an ! Un enfant de douze ans en a donc déjà prononcé plus de 49 millions, si, comme la plupart des bambins, il a commencé à parler à deux ans.

Chaque prononciation implique une force exercée sur les incisives de quelques grammes. C'est peu, mais c'est la répétition qui compte. À raison de près de 5 millions d'occurrences par an, les Anglais ont toutes les raisons d'avoir les dents en avant—ou d'arborer de magnifiques bagues. (Cinq millions de grammes, c'est cinq tonnes !) Le caractère insulaire a fait le reste. Une île, c'est comme l'aristocratie : ils se marient entre eux. Ajoutez l'île à l'aristocratie : vous avez le prince Charles…

Le raisonnement est imparable, et pourtant il me laisse sceptique. Disons que j'y crois « jusqu'à preuve du contraire »… Vous connaissez cette formule. Je vous en ai parlé en préambule. Je l'ai découverte en essayant d'apprendre quelques rudiments de physique en classe de seconde.

Voici donc ce qu'on appelle une vérité scientifique. Elle n'est en rien dogmatique, ni à graver dans le marbre. Elle est seulement *tenue pour exacte*, jusqu'au prochain progrès de la science.

Au siècle précédent, les plus grands chercheurs ne croyaient pas à la théorie de la relativité d'Einstein, que plus personne ne met en doute aujourd'hui. Personne non plus ne croyait possible l'existence des rayons X ; c'est d'ailleurs pour cela qu'ils furent baptisés X. Et avant même d'être persécuté par l'Église, Galilée a été tenu pour un imbécile par ses confrères quand il leur prétendait que la Terre tournait autour du Soleil…

Revenons aux dents qui avancent. Comme disent les Italiens (qui ont compris la leçon depuis Galilée) : *Si non e vero, e bene trovato.*

Même si c'est faux, c'est bien trouvé.

Jusqu'à preuve du contraire…

Pourquoi…
… la formule du Coca-Cola est-elle secrète ? Ou plutôt, pourquoi l'est-elle toujours ? (Comment personne ne l'a-t-il percée à jour, depuis le temps ?)

Tout le monde sait ça : si Coca-Cola conserve une longueur d'avance sur ses concurrents—Pepsi et les autres—, c'est qu'aucun d'entre eux n'est parvenu à copier son inimitable formule, créée il y a plus d'un siècle. Les connaisseurs sont formels : ils prétendent reconnaître le *vrai Coca* dès la première gorgée. Sa formule, secrète, est cachée dans une chambre forte, elle-même planquée dans les sous-sols inviolables de la Sun Trust Bank d'Atlanta, siège de la multinationale. Seuls les grands pontes de la firme ont accès à ce sanctuaire ; et donc à ce secret qui vaudrait au minimum 20 milliards d'euros, chiffre d'affaires annuel de la Coca Cola Company. Coca France a même créé un site formule-secrete.fr, entièrement dédié à la formule secrète. On y lit ceci : « *Les ingrédients sont bien entendu indiqués sur chaque bouteille de Coca-Cola. Mais ce qui ne figure pas sur les étiquettes, c'est la formule secrète. Le mélange exact d'extraits végétaux reste jusqu'à ce jour la formule secrète la plus célèbre du monde. Nous ne vous révélerons pas ce que contient notre formule secrète, mais nous pouvons vous dire ce qu'elle ne contient pas. Sans conservateurs ajoutés. Sans arômes artificiels. Depuis 1886. »*

Et les fabricants me direz-vous ? Pourquoi personne n'aurait-il jamais réussi à les soudoyer pour obtenir la composition du breuvage ? Impossible : par prudence, le Coca est livré dans le monde entier depuis les États-Unis. Chaque distributeur, sur les cinq continents, reçoit des bonbonnes d'élixir concentré. Il ne lui reste qu'à ajouter l'eau gazéifiée puis à mettre en bouteilles.

Mais surtout, il y a les progrès de la technique. Juste un exemple : comment les scientifiques sont-ils capables de déterminer avec précision la composition de l'atmosphère de Saturne, située à des millions de kilomètres de nous, et ne peuvent-ils toujours pas connaître la composition d'un soda en vente partout ?

Je vais vous faire une révélation, au risque de vous décevoir : la composition chimique du Coca-Cola n'a rien de secret. Depuis l'invention de la chromatographie et du spectromètre de masse, les chimistes connaissent la formule exacte du breuvage, au millionième de millilitre près. Pour chaque composant. Coca sait qu'ils savent ; et s'en fout. La légende est tellement plus belle que la vérité. Ses concurrents n'en diront rien : le marketing déconseille de citer la marque de l'adversaire. La presse aussi se tait : trop peur de perdre un gros annonceur.

Voilà pourquoi le secret de ce secret reste secret. Ou presque.

Jusqu'à preuve du contraire.

Références

L'Érotisme, Francesco Alberoni, Ramsay.

La Médecine psychosomatique, Franz Alexander, Payot.

Anthropologie des coutumes alimentaires, Georges Armelagos & Peter Farb, Denoël.

Le Savoir-vivre, Gisèle d'Assailly et Jean Baudry, Marabout.

Industries du bois, E. Bailleul & J. Heurtematte, Technor/Delagrave.

Ainsi vivaient nos ancêtres, Jean-Louis Beaucarnot, Robert Laffont.

Toutes les Peugeot, René Bellu, Éditions Jean-Pierre Delville.

Les Fourmis d'Europe occidentale et septentrionale, F. Bernard, Masson et Cie.

Le Grand Livre des abeilles, M. Biri, De Vecchi.

Un pavé dans le marketing, Henri de Bodinat, Jean-Claude Lattès.

Les Sept Merveilles, Jean-Claude Bologne, Larousse.

Les Choses de la vie quotidienne, Jérôme Bonaldi, Le Pré aux Clercs.

Dis Jérôme, Jérôme Bonaldi, Canal+ éditions/Albin Michel.

Le Cochon, Franco Bonera, Laffont, coll. Totem.

De la paume au tennis, Guy Bonhomme, Découvertes/Gallimard.

Le Guide du rock, Philippe Bouchey, Syros Alternatives.

Dictionnaire des superstitions et des croyances, Pierre Canavaggio, Dervy.

Bronzer, guide du bronzage, Dr Michel Canesi & Christine de Rentières, Pierre Horay éditeur.

Histoire de France, sous la direction de Jean Carpentier et François Lebrun, coll. Points Histoire, Le Seuil.

Les Mots et la chose, Jean-Claude Carrière, Le Pré aux Clercs.

Anatomie et physiologie humaines appliquées à la plongée, Dr J.-L. Carsac, Amphora.

La Météo, questions de temps, René Chaboud, Nathan.

Qualités, objets d'en France, Bernard Chapuis & Ermine Hersher, Editions du May.

Devenez sorciers, devenez savants, Georges Charpak et Henri Broch, Odile Jacob.

Dictionnaire des symboles, Jean Chevalier et Alain Gheerbrant, Robert Laffont/Jupiter, 1982.

La Face cachée de la France, Jean-Paul Clébert, Seghers.

L'État des religions dans le monde, sous la direction de Michel Clévenot, La Découverte/Le Cerf.

La Maîtrise de soi-même par l'autosuggestion consciente, Émile Coué, Renaudot & Cie.

La Grande Histoire du whisky, James Darwen, Flammarion.

Dictionnaire des noms de lieux, Louis Deroy & Marianne Mulon, Le Robert.

Paradoxes et problèmes, John Donne, Allia.

Le Diable, Jacques Duquesne, Plon.

Grand inventaire du génie français, Jérôme Duhamel, Albin Michel.

Guide pratique de la vie du couple, Dr David Elia & Dr Jacques Waynberg, Filipacchi.

Merchandising, A. Fady & M. Seret, Vuilbert Gestion.

Imponderables, David Feldman, Quill/New York.

Other Imponderables, David Feldman, Harper Perennial/New York.

Dictionnaire de la bande dessinée, Henri Filippini, Bordas.

Chiens de race, F. Fiorone, De Vecchi.

Les Géraniums, Laura Fronty, La vie en vert/Rustica.

Cheveux, toisons et autres poils, Luisa Futoransky, Presses de la Renaissance.

La Révolution française, Jacques Gadechot, Perrin.
L'Étymo-jolie, Bernard C. Galey, Tallandier.
Larousse médical, sous la direction du Dr Galtier-Boissière, Larousse.
Dictionnaire de la Bible, André-Marie Gérard, Bouquins/Robert Laffont.
Le Livre d'or des noms de famille, Pierre-Gabriel Gonzalez, Marabout.
Le Cerveau, un inconnu, université d'Oxford, sous la direction de Richard L. Gregory, coll. Bouquins, Robert Laffont.
Le Noir de la nuit, Edward Harrison, Le Seuil.
Cours complet de dactylographie, A. Hautefeuille, Classiques Hachette.
Histoire universelle des chiffres, Georges Ifrah, Bouquins.
Le Dictionnaire des mythes, Nadia Julien, Marabout.
Le Guide de la jeune mère, Léon Kreisler, Éditions E.S.F.
De la religion en Amérique. Essai d'histoire politique, Denis Lacorne, Gallimard.
La Compagnie des chiens. Guide pratique, histoire, anatomie et comportement des chiens de race, Olivier Lagalisse, Le Cherche Midi.
Nelson, Jacques Langlade, Presses de la Renaissance.
Dictionnaire des vins, Larousse, coll. Références.
Le Livre de Noël, Françoise Lebrun, Robert Laffont.
Optique physiologique, Yves Le Grand, Éditions de la Revue d'optique.
La Révolution pop dans l'Angleterre des années 60, Bertrand Lemonnier, La Table Ronde.
Je pense, donc je me trompe, Jean-Pierre Lentin, Albin Michel.
Le Son, J. Matrat, Que sais-je ?/PUF.
Cuisine et molécules, Jean Matricon & Daniel Riberzani, Échos/Hachette.

Culture confiture, Nova l'Équipe (collectif), Éditions de la Martinière.

Les Pratiques culturelles des Français, ministère de la Culture et de la Communication, La Découverte/La Documentation française.

Théorie du bordel ambiant, Roland Moreno, Le Livre de Poche.

Le Chat révélé, Desmond Morris, Calmann-Lévy.

Le Chien révélé, Desmond Morris, Calmann-Lévy.

Le Singe nu, Desmond Morris, Grasset.

Les Liturgies de la table, Léo Moulin, Albin Michel.

Encyclopédie de l'automobile, adaptation française de Marc Muylaert, Gründ.

La Douane de mer, Jean d'Ormesson, Gallimard.

Les Superstitions populaires, Alexandra de Panafieu, Jacques Grancher.

L'Origine merveilleuse des choses de tous les jours, Charles Panati, First.

Dictionnaire des couleurs de notre temps, Michel Pastoureau, Bonneton.

La Bourgeoisie, Régine Pernoud, Que sais-je ?/PUF.

Guide du savoir-vivre international, Dominique Perrin & Brigitte du Tanney, Hermé.

L'Encyclopédie mondiale des oiseaux, sous la direction du Dr Christopher M. Perrins, Bordas.

Dans les beaux quartiers, Michel Pinçon & Monique Pinçon-Charlot, L'Épreuve des Faits/Le Seuil.

Histoire du théâtre, Robert Pignarre, Presses universitaires de France.

Dictionnaire du fantastique, Alain Pozzuoli & Jean-Pierre Krémer, Grancher.

Quality, objets d'en face, Bernard Rapp, Éditions du May.

Dictionnaire historique de la langue française, sous la direction d'Alain Rey, Éditions Le Robert.

Coca-Cola, l'enquête interdite, William Reymond, Flammarion, 2006.

Histoire des Marranes, Cecil Roth, Liana Levi.

Le Chat, Dr Rousselet-Blanc, Larousse.

Rolls-Royce, Fabien Sabates, Ch. Massin éditeur.

Histoire imprévue des dessous féminins, Cécil Saint-Laurent, Herscher.

Les Sorcières, fiancées de Satan, Jean-Michel Sallmann, Découvertes/ Gallimard.

La Grande Encyclopédie du monde animal (collectif), Éditions Sedes.

Les Oiseaux (collectif), Stock.

Les Secrets de la casserole, Hervé This, Belin.

Histoire de l'Humanité, sous l'égide de l'UNESCO (9 volumes), Robert Laffont.

Dictionnaire du comportement animal, université d'Oxford (sous la direction de David McFarland), Robert Laffont.

La Vie des plus grands peintres, sculpteurs et architectes, Giorgio Vasari, Arts Berger-Levrault.

Remarques sur la langue française, première édition Augustine Courbé et Vve Camusat, Paris, 1647 ; réédition Champ Libre, Paris, 1981.

Histoire des institutions publiques de la France (de 1789 à nos jours), Pierre Villard, Mementos Dalloz.

Biologie des passions, Jean-Didier Vincent, Odile Jacob.

La République bourgeoise de Thermidor à Brumaire, Denis Woronoff, Points Seuil.

Remerciements

Caroline Sers, mais aussi Philippe Robinet, Charlotte Coblentz, Manie Papoo, Philippe Ollieric et la SHLA.

Table des matières

Pourquoi un avant-propos? 11

1. Pourquoi les clignotants clignotent-ils ? 13
2. Pourquoi la langue française utilise-t-elle « second » et « deuxième » ? 15
3. Pourquoi l'aviateur Lindbergh n'a-t-il pas été porté en triomphe à son arrivée de la traversée de l'Atlantique ? 17
4. Pourquoi les chiffres sont-ils disposés différemment sur les touches d'une calculatrice et sur le clavier d'un téléphone ? 18
5. Pourquoi les personnes âgées sentent-elles venir le mauvais temps par leurs rhumatismes ? 20
6. Pourquoi est-il presque impossible d'attraper une mouche avec la main ? 22
7. Pourquoi les courses à pied se déroulent-elles dans le sens inverse des aiguilles d'une montre ? 24
8. Pourquoi les oreilles n'ont-elles pas de paupières ? 26
9. Pourquoi Popeye mange-t-il toujours des épinards ? 28
10. Pourquoi ne comprend-on rien quand deux personnes parlent en même temps à la télé ? 30
11. Pourquoi le foot se joue-t-il à onze ? 32
12. Pourquoi les hommes n'ont-ils pas de cellulite ? 34

13. Pourquoi les Indiens d'Amazonie ne se perdent-ils pas dans la forêt vierge ? 36
14. Pourquoi ne peut-on pas utiliser son portable en avion ? 38
15. Pourquoi les voiliers avancent-ils parfois plus vite que le vent ? 40
16. Pourquoi parle-t-on avec cet accent grotesque entre Neuilly, Auteuil et Passy ? 42
17. Pourquoi faut-il mettre quelques gouttes de citron dans la mayonnaise pour la faire prendre ? 44
18. Pourquoi certains oiseaux chantent-ils (le rossignol, le merle) et d'autres non (le pigeon, le vautour) ? 46
19. Pourquoi de l'eau jetée dans une poêle très chaude se met-elle en petites boules ? 48
20. Pourquoi le Carambar a-t-il un arrière-goût de chocolat ? 49
21. Pourquoi ne croise-t-on jamais dans la rue les filles des magazines ? 50
22. Pourquoi les punks portaient-ils des épingles à nourrice ? 52
23. Pourquoi les chats noirs ont-ils presque toujours quelques touffes de poil blanc ? 54
24. Pourquoi sur les cartes géographiques le nord est-il toujours en haut ? 55
25. Pourquoi ne voit-on jamais les poissons dormir ? 57
26. Pourquoi fait-on gicler le champagne sur les podiums de formule 1 ? 58
27. Pourquoi le dérailleur d'un vélo est-il toujours à droite ? 60

28. Pourquoi les vieux messieurs portent-ils leur pantalon plus haut que les jeunes ? 62
29. Pourquoi l'arobase ? 64
30. Pourquoi les moucherons ne sont-ils pas écrasés par les gouttes de pluie ? 66
31. Pourquoi dit-on « merde » pour porter chance avant un spectacle ? 67
32. Pourquoi n'arrive-t-on jamais à refaire les recettes des magazines ? 68
33. Pourquoi le moteur de recherche le plus utilisé au monde s'appelle-t-il Google ? 70
34. Pourquoi le rock s'écoute-t-il si fort ? 72
35. Pourquoi n'y a-t-il pas d'insectes géants ? 74
36. Pourquoi l'étoile Polaire indique-t-elle toujours le nord ? 75
37. Pourquoi les chevaux de concours hippiques ne sautent-ils pas par-dessus leur enclos ? 77
38. Pourquoi l'Île-de-France est-elle qualifiée d'île alors qu'elle n'en est pas une ? 79
39. Pourquoi janvier est-il le mois du blanc dans les magasins ? 81
40. Pourquoi n'y a-t-il pas de nourriture pour chat à saveur de souris ? 83
41. Pourquoi les milliardaires sont-ils souvent propriétaires de clubs de foot ? 85
42. Pourquoi les Écossais portent-ils des kilts ? 87
43. Pourquoi l'Italie joue-t-elle en bleu, alors que le drapeau italien est vert-blanc-rouge ? 89
44. Pourquoi les autruches enfouissent-elles la tête dans le sable au moindre danger ? 91

45. Pourquoi les enfants peuvent-ils tomber sans se faire mal, et pas les adultes ? 93
46. Pourquoi mange-t-on de la bûche à Noël ? 94
47. Pourquoi la cuisson à la Cocotte-Minute est-elle plus rapide que la cuisson traditionnelle ? 96
48. Pourquoi coupe-t-on la queue et les oreilles de certains chiens ? 98
49. Pourquoi s'étire-t-on ? 100
50. Pourquoi a-t-on donné aux tirelires une forme de cochon ? 102
51. Pourquoi, lorsqu'on regarde certains portraits, a-t-on l'impression d'être suivi du regard ? 103
52. Pourquoi les pièces de théâtre sont-elles divisées en actes ? 105
53. Pourquoi les gâteaux gonflent-ils quand on les cuit ? 107
54. Pourquoi certains chiens courent-ils après leur queue ? 108
55. Pourquoi les poissons rouges tournent-ils en rond dans leur bocal ? 109
56. Pourquoi les petits rats de l'Opéra sont-ils des « petits rats » ? 110
57. Pourquoi met-on des boules au sapin de Noël ? 112
58. Pourquoi ne parvient-on jamais à enlever le plastique autour des CD ? 113
59. Pourquoi apporte-t-on des oranges aux prisonniers ? 115
60. Pourquoi y a-t-il tant de différence entre le nombre de manifestants selon la police et selon les organisateurs ? 117

61. Pourquoi les entrées des palais de Venise sont-elles peintes de faux marbre ?...............................119
62. Pourquoi les poissons morts ne coulent-ils pas ? 121
63. Pourquoi n'y a-t-il pas de prix Nobel de mathématiques ?...123
64. Pourquoi les « Que sais-je ? » ont-ils 128 pages ?......125
65. Pourquoi les papillons de nuit tournent-ils autour des lampes ?...127
66. Pourquoi 666 est-il désigné comme le chiffre du diable ? 128
67. Pourquoi les Suisses parlent-ils lentement ? 130
68. Pourquoi peut-on insulter impunément ses meilleurs amis ? 132
69. Pourquoi y a-t-il autant de sectes aux États-Unis ?...134
70. Pourquoi les fourches avant de Vespa ont-elles cette forme spéciale ? 136
71. Pourquoi le toucan a-t-il un grand bec ? 138
72. Pourquoi dit-on le « roi des Belges » et non le « roi de Belgique » ? 139
73. Pourquoi avons-nous souvent l'impression d'avoir déjà exactement vécu telle ou telle scène ? 141
74. Pourquoi l'araignée ne tournicote-t-elle pas suspendue à son fil ? 143
75. Pourquoi le rire est-il contagieux ? Et le bâillement ? 145
76. Pourquoi ça coupe quand c'est pointu ?......................147
77. Pourquoi les dauphins sont-ils propres alors que les coques des bateaux sont sales ? 149
78. Pourquoi le mois d'août est-il le plus chaud de l'année, alors que c'est en juin que les jours sont les plus longs ?..151

79. Pourquoi a-t-on des envies farfelues quand on est enceinte ? 153
80. Pourquoi les Français comptent-ils 80 « quatre-vingts » et 90 « quatre-vingt-dix », et non pas « octante » et « nonante » comme les Belges et les Suisses ? 155
81. Pourquoi les femmes n'aiment-elles pas le porno ? 157
82. Pourquoi les barmen mouillent-ils les verres avant de servir la bière ? 159
83. Pourquoi n'y a-t-il presque pas de bleu dans la nature ? 161
84. Pourquoi le mariage de Grace de Monaco a-t-il eu un retentissement mondial ? 162
85. Pourquoi les lions ont-ils une grosse crinière ? 164
86. Pourquoi le prénom Marianne est-il le symbole de la République ? 165
87. Pourquoi porte-t-on des toasts en buvant avec ses amis ? 167
88. Pourquoi est-ce que ce sont toujours les mêmes qui se font bouffer par les moustiques ? 169
89. Pourquoi le « Y » est-il qualifié de « grec » ? 171
90. Pourquoi certains alcools rendent-ils plus malade que d'autres ? 172
91. Pourquoi les coquillages sont-ils régulièrement contaminés et leur pêche interdite, et jamais les poissons ? 174
92. Pourquoi y a-t-il des indications à côté des noms de marques ? Et pourquoi trois initiales différentes (©, ®, ™) ? 176

93. Pourquoi les filles font-elles pipi dans leur culotte quand elles rient beaucoup (et pas les garçons) ?......178
94. Pourquoi les poules n'ont-elles pas de dents ?...........180
95. Pourquoi les collants filent-ils si vite ?........................182
96. Pourquoi le soleil nous chauffe-t-il à travers le vide sidéral ?...185
97. Pourquoi le jus de citron est-il fait de saveurs artificielles et le liquide vaisselle de vrai citron ? 187
98. Pourquoi y a-t-il tant de Moine, Lemoine ou Leprêtre dans les noms de famille, alors que moines et prêtres ne peuvent théoriquement pas avoir d'enfants ? 189
99. Pourquoi n'y a-t-il plus de maréchal en France ?.......191
100. Pourquoi ne faut-il pas nourrir les animaux des parcs naturels ?...193
101. Pourquoi les footballeurs brésiliens ont-ils des noms de footballeurs brésiliens ?..........................195
102. Pourquoi les scores d'élections tournent-ils toujours autour de 50-50 ?..197
103. Pourquoi a-t-on la chair de poule ?..............................201
104. Pourquoi faut-il nettoyer à sec les imperméables ?...202
105. Pourquoi rit-on parfois pendant les enterrements ?..203
106. Pourquoi la peau des mains et des orteils se fripe-t-elle dans le bain ?..205
107. Pourquoi n'y a-t-il pas de mammifères verts ?...........207
108. Pourquoi les pages jaunes sont-elles jaunes ?............209
109. Pourquoi les Chinois ont-ils les yeux bridés ?............211
110. Pourquoi les fakirs ne se brûlent-ils pas les pieds en marchant sur des braises ?.......................213
111. Pourquoi le lapin bouge-t-il son nez ?.........................215

112. Pourquoi peut-on avoir une pizza à la maison plus vite qu'un médecin en urgence ? 216
113. Pourquoi les vestes des trappeurs ont-elles des franges ? 217
114. Pourquoi les bananes n'ont-elles pas de pépins ? 219
115. Pourquoi l'éponge éponge ? 221
116. Pourquoi les ados ont-ils toujours l'air fatigué ? 222
117. Pourquoi le papier A3 est-il plus grand que le A4 ? 224
118. Pourquoi ne faut-il pas dire un soi-disant canard ? 225
119. Pourquoi les présentatrices télé ont-elles l'air cruche ? 226
120. Pourquoi les GPS ne sont-ils pas plus précis ? 228
121. Pourquoi le son se propage-t-il moins vite que la lumière ? 230
122. Pourquoi les maires ne parviennent-ils pas à limiter la présence des chiens en ville ? 232
123. Pourquoi les héros de *Star Trek* voyagent-ils par téléportation ? 234
124. Pourquoi les Anglais ont-ils les dents qui avancent ? 236
125. Pourquoi la formule du Coca-Cola est-elle secrète ? Ou plutôt, pourquoi l'est-elle toujours ? (Comment personne ne l'a-t-il percée à jour, depuis le temps ?) 238

Références 240

Remerciements 245

CRÉDITS PHOTOGRAPHIQUES :

P. 53 (gauche) Affiche Mai 1968 avec citation
de Charles de Gaulle © akg-images / D. R.

P. 53 (droite) © D. R.

(malgré nos efforts, nous n'avons pas pu retrouver les ayants-droits
de cette image et les prions de prendre contact avec nous
pour faire valoir ces droits).

Conception graphique et réalisation :
Sylvie Pistono-Denis (e dans l'o)

*Cet ouvrage
a été achevé d'imprimer
sur Roto-Page
par l'Imprimerie Floch
à Mayenne en mai 2010*

N° d'édition : 438/01 – N° d'impression : 76662
Dépôt légal : mai 2010

Imprimé en France